Babyfutter

Für Maya und Milo …

Ich bin wirklich stolz auf diese Sammlung von Rezepten, die ich ursprünglich handschriftlich notiert und bis jetzt nur für den Hausgebrauch benutzt habe, sodass mein Exemplar inzwischen schon ganz abgegriffen und fleckig ist.
Dass daraus nun dieses Buch entstanden ist, ist der Mitwirkung vieler zu verdanken, die mir, je nachdem in welchem Stadium sich die Arbeit gerade befand, als Testesser, Helfer, Inspirationsquelle, Korrektoren und vieles andere mehr zur Verfügung standen!

Zuallererst ein großes Dankeschön an den Marabout-Verlag, an Emmanuel und Amaryllis, die mir die Möglichkeit gaben, dieses Buch zu machen, die mich bestärkt haben und denen es zu verdanken ist, dass dieses Buch etwas wirklich Schönes, Persönliches und Außergewöhnliches geworden ist. Dank auch an Fred und Sonia Lucano für die herrlichen Fotos und an die Babys, die so tolle Models waren. Ein besonderer Dank an Cédrine Meier, die mir mit ihrem großen schriftstellerischen Talent dabei geholfen hat, die Texte anschaulich und amüsant zu formulieren.

Ein großes Dankeschön an meinen Freund Dr. Jean Lalau Keraly, der mich vom ersten Tag an unterstützt hat und der mir stets mit seinem Rat zur Seite steht, ohne dabei auf die Uhr zu sehen.

Auch meinem Mann David möchte ich herzlich danken, der es mir durch seine Unterstützung, seine Geduld und sein Engagement in Familie und Haushalt ermöglicht hat, mich in dieses verrückte Abenteuer zu stürzen und Tag und Nacht an diesem Buch zu arbeiten.

Mein besonderer Dank gilt schließlich meinen Kindern Maya und Milo. Ihr seid alles, wofür ich lebe, und meine Inspiration. Das alles habe ich euch zu verdanken. Ich liebe euch über alles!

Dank an White and Brown Küchenmaschinen.

Der besondere Dank der Éditions Marabout gilt den Eltern der Kleinen, die sich für die Fotoaufnahmen zur Verfügung gestellt haben.

Alle Kinder in diesem Buch wurden von LILI & THE FUNKY BOYS eingekleidet. Danke Esther!

Babyfutter

120 gesunde Rezepte, die Kind und Mutter schmecken

Jenny Carenco

Beratung: Dr. Jean Lalau Keraly

Fotos: Frédéric Lucano
Styling: Sonia Lucano
Realisierung der Rezepte: Alisa Morov

Vorwort

Dieses Buch ist eine Augenweide und macht Lust, die Vielfalt von Lebensmitteln in der Küche und auf dem Teller auszuprobieren.

Insbesondere die Rezepte für Kleinkinder bis zu einem Jahr erscheinen hierzulande zunächst sehr gewagt, da traditionsgemäß eine eingeschränkte Gemüseauswahl (Karotten, Kartoffeln, Erbsen, Blumenkohl) nach dem Abstillen gegeben wird. Mit diesem Buch ermuntert Jenny Carenco Mütter und Väter, die Vielfalt an Gemüsesorten, aber auch die Vielfalt an Gewürzen und Kräutern, auszuprobieren. Die Rezepte sind einfach herzustellen und laden zum Experimentieren ein.

Was sind die Vorteile einer solchen Lebensmittelvielfalt für Kleinkinder? Hilft es ihnen, ein stabiles Immunsystem zu entwickeln? Hilft es ihnen, in der Zukunft auch unbekannte Lebensmittel auszuprobieren oder sogar den Verzehr an Obst und Gemüse zu steigern? Erste Ergebnisse aus dem Wissenschaftsbereich der Sensorik bestätigen die Bedeutung einer großen Vielfalt an Lebensmitteln bereits im Alter von 6 bis 12 Monaten. Es ist bekannt, dass Menschen sich in der Ausprägung der Sensitivität zur Wahrnehmung von Geruch und Geschmack unterscheiden. Solche Unterschiede sind zum einen genetischen Ursprungs, zum anderen spiegeln sie aber auch den Einfluss der Schwangerschaft auf die Präferenzen des Babys wider.

Es ist bekannt, dass die Essgewohnheiten der Mutter während der Phase des Stillens die Zusammensetzung der Muttermilch beeinflusst. Dies trifft insbesondere auch für Aromastoffe zu. Eine Mutter, die sich vielfältig ernährt, vermittelt damit auch dem Säugling eine Vielfalt an Geschmacks- und Aromaeinflüssen, die sich positiv auf die Lebensmittelauswahl in späteren Jahren auswirkt. Neuere Studien zeigen, dass eine große Vielfalt von Lebensmitteln, die während der Abstillphase und dem Übergang zur Breiphase Kleinkindern angeboten wird, und die damit verbundenen Erfahrungen auch einen großen Einfluss auf die spätere Lebensmittelauswahl haben.

Auch weitergehende Arbeiten verdeutlichen, dass eine große Bandbreite geschmacklicher Erfahrungen in der Zeit des Abstillens dazu führt, dass Kinder noch im Schulalter offener sind für neue Lebensmittel.

Dieses Buch ermutigt zur Vielfalt – zum Wohle der Kleinkinder und auch im Hinblick auf eine vielfältige, schmackhafte und farbenfrohe Ernährung im Erwachsenenalter.

Prof. Dr. Dr. h.c. mult. Angelika Ploeger

Fachgebiet Ökologische Lebensmittelqualität und Ernährungskultur,
Universität Kassel

Einführung
Seite 6

Die ersten Frucht- & Gemüsepürees
Seite 23

Die ersten Mittagsgerichte & Desserts
Seite 51

Die ersten Abendmahlzeiten
Seite 83

Mittagsgerichte & Abendessen für Groß und Klein
Seite 107

Desserts & Gebäck für Groß und Klein
Seite 151

Häufig gestellte Fragen & ökotrophologische Kurzporträts
der wichtigsten Lebensmittel
Seite 173

Nur keine Angst vor den Supermamas!

Als berufstätige Mutter hat man es oft nicht leicht. Muss ich Ihnen etwas von kurzen Nächten erzählen, von überfüllten Bussen und Bahnen – wo man womöglich noch zwischen übelriechenden Zeitgenossen eingequetscht ist –, vom Kühlschrank, der – kaum hat man ihn aufgefüllt – schon wieder leer ist, von Chefs, die nicht von der Stelle weichen, wenn Sie Ihre Siebensachen mal vor 20 Uhr zusammenpacken, von Ehemännern, die Ihr Intimleben mit dem Zustand eines – leeren – Kühlschranks vergleichen? Und nicht zu vergessen die strenge Mama, die sich Sonntag für Sonntag aufs Neue wundert, dass Sie völlig erledigt sind, wo Sie es doch verglichen mit ihr früher so viel leichter haben und die trotzdem die Zeit fand, mit ihren manikürten Händen für ihre Kinder zum Abendessen drei verschiedene Brotsorten zu backen. Doch davon soll hier nicht die Rede sein. Dies ist nicht das Buch einer Supermama, die überall den ersten Preis einheimst (ausgezeichnete Köchin, Sexbombe, Kumpel für die Kinder, Angestellte des Monats), ohne sich dabei auch nur einen Fingernagel abzubrechen. Sie wissen schon: so eine, die man hasst – und von der unsere Männer träumen. Nein, bei mir reicht es nur für den zweiten Preis – meine Geschichte könnte gewiss die Ihre sein …

Als mein Mutterschutz zu Ende ging, entdeckte mein Mäuschen gerade die ersten Gemüsepürees. Wie jede Mutter – die Werbung hat schließlich in 30 Jahren ihre Wirkung nicht verfehlt – dachte ich natürlich sofort an die kleinen praktischen, genau auf die Bedürfnisse des jeweiligen Alters zugeschnittenen Babygläschen. Denn weshalb sollte man sich das Leben unnötig schwer machen? Leider (glücklicherweise?) stamme ich aus Schweden, und dort sieht man sich genau an, was man sich und seinen Lieben auf den Teller tut. Und was musste ich da feststellen? Manche Gläschen mit der Aufschrift „Grüne Bohnen" enthielten lediglich 40 Prozent grüne Bohnen, und der Rest war – außerordentlich stärkehaltige – Kartoffeln, Milchpulver, Öle und synthetische Vitamine. Ganz zu schweigen vom – wenig überzeugenden – Geschmack. Da hatte ich also ein Problem.

Doch keine Panik. Ich hatte alles unter Kontrolle. Schließlich hatte ich noch zwei Wochen Zeit, bevor ich die Arbeit wieder aufnehmen musste. Das waren genau 21600 Minuten, um alles über Säuglingsnahrung und Kinderernährung zu lernen. Dank meiner skandinavischen Disziplin glaubte ich sogar, mir bliebe auch noch etwas freie Zeit. Ein Irrtum, wie sich herausstellen sollte. Ich habe das Wissen nur so in mich hineingestopft, und meine Kreativität beim Erfinden neuer Babygerichte war schier unerschöpflich. Ja, ich habe sogar meinen Beruf aufgegeben, um eine eigene Babynahrungsmarke zu gründen. Doch das ist eine andere Geschichte.

Meiner Tochter vermitteln, dass Essen ein Vergnügen ist

Also habe ich mich an die Arbeit gemacht. Anfangs war das nicht gerade erholsam, denn ich opferte abends Schlaf und stellte mich stattdessen in die Küche, um das Essen meiner Tochter für die ganze Woche vorzubereiten und einzufrieren. Diese außerordentlich praktische Idee verdanke ich übrigens den englischen Kochbüchern, die darauf schwören. Und mit der Zeit habe ich mich unter Anleitung meines wunderbaren Kinderarztes Dr. Lalau Keraly, dessen Spezialgebiet die Kinderernährung ist, durch meine Fehler, durch die Ermutigung aufgrund meiner Tochter, die mit Wonne sämtliches Obst und Gemüse meines Obst- und Gemüsehändlers durchprobierte, vervollkommnet. Und so entstanden diese ungewöhnlichen, manche würden vielleicht sogar sagen unorthodoxen, Babygerichte, bei denen es mir vor allem auf eines ankam: meiner Tochter zu vermitteln, dass Essen ein Vergnügen ist.

Auf den Geschmack kommt's an!

Ich werde Ihnen, liebe Eltern, heute nicht großspurig erklären, es sei ein Kinderspiel, täglich für die Familie zu kochen, sondern ich werde Ihnen die Wahrheit sagen: Es war keineswegs eine leichte Aufgabe, meine kleine Truppe an eine gute Ernährung heranzuführen. Aber ich habe sie auf mich genommen, weil ich davon überzeugt war, dass dies in einer Zeit, wo Junkfood und Übergewicht bei Kindern auf dem Vormarsch sind, das einzig Richtige ist. Und dabei habe ich mir stets vor Augen gehalten, dass Kinder gesundes Essen nur annehmen, wenn es gut schmeckt (zugegeben, das ist eine Binsenweisheit), und dass ich deshalb bei der Zubereitung sorgfältig darauf achten muss.

Mein Rezeptheft

Sie sind mir gegenüber im Vorteil: Meine Fehlschläge und Recherchen bleiben Ihnen erspart. Das heißt nun aber keineswegs, dass ich Ihnen meine Rezepte einfach nur in einem schönen, perfekten Buch vorsetzen möchte, das Sie – mit einer Träne im Auge und einem Babygläschen in der Hand – lediglich anschauen sollen.

Was Sie hier bekommen, ist mein persönliches Rezeptheft – Streichungen, Eselsohren und Fettflecke natürlich ausgenommen. Ich liefere Ihnen hier meine sämtlichen Tricks und Tipps und die Antworten des Kinderarztes auf alle Fragen, die mir durch den Kopf gegangen sind und die auch Sie beschäftigen werden. So können Sie sich ausschließlich auf das Wesentliche konzentrieren.

So viel Mühe verdient eine kleine perfide Belohnung!

Eines ist gewiss: Gemeinsam werden Sie und Ihr Baby jedes Diplom erringen. Und wenn Ihre Freundinnen erstaunt die Augen aufreißen beim Anblick Ihres Kindes, das gerade seinen Brokkoli verschlingt, werden Sie scheinbar blasiert, in Wirklichkeit aber ganz hingerissen, sagen: „Ich weiß, er/sie ist kein Fan von Brokkoli. Du müsstest ihn/sie erst einmal sehen, wenn es Spinat gibt …"

Dr. Jean Lalau Keraly

Facharzt
für Kinderheilkunde, Kinderernährung
und Endokrinologie

Vermitteln Sie Ihrem Kind, dass Essen ein Vergnügen ist
Als Kinderarzt, der sich auf die Ernährung und Übergewicht bei Kindern spezialisiert hat, konnte ich in meiner 20-jährigen Praxis immer wieder feststellen, dass das Vergnügen am Essen bei der Ernährung – und bei der Behandlung von Essstörungen – eine mindestens ebenso wichtige Rolle spielt wie das Essen selbst. Es ist nie zu früh – und übrigens auch nie zu spät – einem Kind die Welt des Geschmacks zu erschließen. Denn nur so wird es später als Erwachsener in der Lage sein, eine gesunde Ernährung nicht als Zwang, sondern als Vergnügen zu empfinden.

Der Berufsalltag verlangt den Eltern viel ab!
Wie oft höre ich die Mütter in meiner Sprechstunde klagen, sie hätten ein schlechtes Gewissen, weil sie sich nicht die Zeit nehmen (nicht die Zeit haben), die ersten Breie für ihr Baby selbst zuzubereiten. Als praktische Lösung bieten sich da die Babygläschen an, auch wenn wir uns alle darüber im Klaren sind, dass sie nicht die ideale Lösung sind. Denn selbst wenn man ihnen nicht absprechen kann, dass sie praktisch, relativ preiswert und aus hygienischer Sicht unbedenklich sind, mangelt es ihnen noch immer an Einfallsreichtum und geschmacklicher Qualität. In diesem Zusammenhang möchte ich ausdrücklich darauf hinweisen, dass es weder überflüssig noch überholt ist, die Mahlzeiten zu besonderen Augenblicken zu machen, für die man sich Zeit nehmen und in denen man den Stress und die Geschäftigkeit des Alltags vergessen sollte.

Auf die richtige Umgebung kommt es an
Ich stelle täglich aufs Neue fest, dass die Umgebung, in der ein Kind seine Mahlzeiten einnimmt, nicht nur Einfluss auf seinen Appetit hat, sondern auch darauf, ob das, was sich auf dem Teller befindet, sein Interesse und seine Neugier weckt, ja sogar ganz allgemein auf sein Verhältnis zum Essen. Fließen bei den Mahlzeiten regelmäßig Tränen, isst das Kind nur unter Zwang oder kann es seine Mahlzeiten nicht in Ruhe einnehmen? Dann ist davon auszugehen, dass Ihr Baby die Neugierde, unbekannte Lebensmittel zu entdecken, verlieren wird. Und dessen sind sich die Eltern nicht immer bewusst.

Eine revolutionäre „Babyküche"
Als ich Jenny Carenco in meiner Sprechstunde kennenlernte, war ich zunächst gar nicht angetan von ihrer unkonventionellen Vorstellung von Ernährung, die sie ihrer Tochter mithilfe ihrer ungewöhnlichen Gerichte vermitteln wollte. Ich habe versucht, ihr mit meinem Wissen als Ökotrophologe und Kinderarzt zur Seite zu stehen, sie zu beruhigen und sie zu ermutigen, wenn sie

Zweifel hatte. Und wie jede Mutter, die fest entschlossen ist, das Beste für ihr Baby zu tun, hat sie wahre Wunder vollbracht. Doch sie wollte noch mehr: Sie wollte allen Eltern die Babygerichte zugänglich machen, die sie sich ausgedacht und in denen sie versucht hat, das Praktische mit besonderen Geschmackserlebnissen zu verbinden, um die neue Generation an eine unverfälschte, abwechslungsreiche und ausgewogene Ernährung heranzuführen.

Die (Wieder)Entdeckung des Hausgemachten

Die Wette galt, und ich habe, ohne zu zögern, eingeschlagen. Schließlich will man sich die Gelegenheit nicht entgehen lassen, wenn man dazu beitragen kann, etwas zu verändern. Denn ich begegne immer wieder Kindern, die noch nie in einen Apfel gebissen haben, deren kulinarischer Kosmos sich ausschließlich auf Süßigkeiten und Nudeln beschränkt. Viele der industriell hergestellten Lebensmittel für Kinder – auch die Babygläschen – enthalten Zuckerzusätze, was nicht nur zur Folge hat, dass alles gleich schmeckt, sondern – und das ist wirklich gefährlich – bei den Kindern den Eindruck erweckt, alles müsse süß schmecken. Jennys ungewöhnliches Projekt zu unterstützen hieß, erstmals eine wirkliche Alternative aufzuzeigen, den gestressten Eltern etwas an die Hand zu geben, damit sie ihre Kinder mithilfe der Tiefkühlung mit selbst gemachten Speisen natürlich ernähren können, und ihnen gleichzeitig die Problematik bewusst zu machen und einen Umdenkungsprozess in Gang zu setzen.

Damit sich Ihre Kinder rundherum wohlfühlen

Dieses Buch gibt Eltern die Möglichkeit, die Ernährung ihrer Familie vom Säugling bis zum ältesten Kind wieder ganz in die eigenen Hände zu nehmen, ohne sich deshalb verausgaben zu müssen. Es will auf spielerische Weise die Freude am Essen vermitteln und ist zugleich informativ, um den Eltern die Grundlagen einer gesunden Ernährung zu vermitteln. Und es zeigt Ihnen Wege auf, wie Sie dies am geschicktesten mit dem Alltag moderner Eltern in Einklang bringen können, und will Sie ermutigen und Ihnen helfen, sich auf dem unbekannten Terrain des „Selbstkochens", auf dem Sie sich möglicherweise noch etwas unsicher fühlen, zurechtzufinden. Damit verfügen Sie über ein Instrument, das Sie in die Lage versetzt, aus Ihren kleinen Kindern Heranwachsende zu machen, die sich rundum wohlfühlen – die einzig wirksame Waffe gegen die erschreckende Zunahme von Übergewicht und Essstörungen. Jetzt sind Sie am Zug!

DR. JEAN LALAU KERALY
FACHARZT
FÜR KINDERHEILKUNDE, KINDER-
ERNÄHRUNG
UND ENDOKRINOLOGIE

Die erste Nahrung: Milch

Fläschchen oder Muttermilch? Manche wissen von vornherein, wofür sie sich entscheiden werden. Das hängt mit der Erziehung, der Herkunft, der Einstellung, mit Ängsten, Tabus, Vorurteilen, Zwängen … zusammen. Andere treffen diese Entscheidung erst, wenn das Baby da ist, wenn es nicht mehr nur ein Wunsch, ein Gedanke ist und seinen Platz in der Familie findet. Doch ob ein Kind nun die Flasche oder die Brust bekommt, eines sollte man stets beachten: Milch (Muttermilch oder Säuglingsmilch) muss die einzige Nahrung des Säuglings sein, denn bis zum vollendeten 4. Lebensmonat ist er noch nicht in der Lage, andere Nahrungsmittel zu schlucken und zu verdauen. Die Milch zu reduzieren und teilweise durch andere Nahrung zu ersetzen kann zu einer Unterversorgung mit Kalorien, Fett und Eisen führen und überdies das Risiko von Allergien erhöhen.

Muttermilch – perfekt für Mutter und Kind

Warum so viel Zeit und Energie darauf verwenden, sein Baby zu stillen, wenn die industriell hergestellte Säuglingsmilch nach Aussagen der Hersteller ebenso gut und gesund ist wie Muttermilch? Was immer Ihnen die Werbung verspricht, es gibt kein Lebensmittel, das für den kleinen Menschen besser geeignet wäre als die Milch seiner Mutter. Muttermilch ist ein wahres Wunder an Perfektion, dessen Vorzüge noch gar nicht alle erforscht sind. Sie hat stets die richtige Temperatur und kann jederzeit genossen werden. Auch der Geschmack ist, je nachdem was die Mutter gegessen hat, sehr unterschiedlich – eine ausgezeichnete Vorbereitung auf die Geschmacksvielfalt der späteren Nahrung. Und auch für die Mutter ist das Stillen von Vorteil. Da zwischen Milchdrüsen und Gebärmutter eine enge Wechselbeziehung besteht, zieht sich die Gebärmutter bei stillenden Müttern schneller wieder auf ihre normale Größe zusammen. Darüber hinaus hat das Stillen auch noch finanzielle Vorteile. Schließlich kostet die Muttermilch nichts.

Muttermilch richtig aufbewahren

Muttermilch kann 24 Stunden im Kühlschrank und bis zu drei Monate in der Gefriertruhe (bei -18 °C) aufbewahrt werden. Dazu muss die Milch lediglich abgepumpt und abgefüllt werden. Dabei gilt es allerdings einige einfache Hygienemaßnahmen zu beachten:
– die Hände vorher gründlich mit Seife waschen,
– die Gefäße (Babyfläschchen oder Gefrierdosen) vorher sterilisieren,
– das Datum (gut lesbar) auf den Gefäßen vermerken.
Zum Auftauen die tiefgefrorene Milch in einem Wasserbad oder bei sehr geringer Hitze in der Mikrowelle erwärmen. Muttermilch nie bei Zimmertemperatur auftauen lassen.

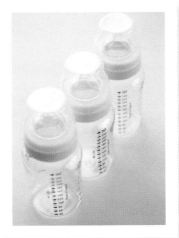

DR. JEAN LALAU KERALY

FACHARZT
FÜR KINDERHEILKUNDE, KINDER-
ERNÄHRUNG
UND ENDOKRINOLOGIE

Das erste Fläschchen

Die Industrie hat enorme Fortschritte bei der Herstellung von Säuglingsmilch gemacht. Mehr und mehr ermöglicht die Behandlung, der sie unterzogen wird, sie der Muttermilch anzunähern (ich denke dabei insbesondere an die Anpassung des Kuhmilcheiweißes an das Verdauungssystem der Kleinen). Hinzu kommt, dass man aufgrund der Vielfalt an Milchnahrungen, die heute im Handel angeboten werden, genau das Produkt auswählen kann, das den spezifischen Bedürfnissen des Kindes angepasst ist. Und je besser die Milchnahrung auf das Kind abgestimmt ist, desto besser geht es Ihrem Kind – und Ihnen! Auch das Fläschchen ist eine praktische Lösung. Man kann das Kind gut an einen bestimmten Rhythmus gewöhnen und genau kontrollieren, welche Mengen es zu sich nimmt – und das gibt den jungen Eltern Sicherheit.
Außerdem ermöglicht das Fläschchen auch den Vätern, eine enge Beziehung zu ihrem Kind aufzubauen. Empfindet die Mutter das Stillen als Zwang oder Belastung oder tut sie es nur widerstrebend, ist es in jedem Fall ratsam, darauf zu verzichten. Für das Baby ist es besser, von einer glücklichen, ausgeglichenen Mutter mit dem Fläschchen gefüttert zu werden als von einer Mutter gestillt zu werden, die dabei angespannt ist und es nur widerwillig tut.

Welche Milch für welches Alter?

Anfangsmilch

Anfangsmilch dient bis zum vollendeten 6. Lebensmonat, als Muttermilchersatz. Mit Ausnahme von Vitamin D, das deshalb nach ärztlicher Anweisung täglich extra zugeführt werden muss, deckt sie den gesamten Nährstoffbedarf des Säuglings ab.

Folgemilch

Folgemilch ist für Babys ab dem 6. Monat bestimmt, die bereits auch andere Nahrung bekommen. Um den gesamten Nährstoffbedarf abzudecken, müssen Kinder bis zum 12. Lebensmonat täglich zusätzlich zu der festen Nahrung noch mindestens 500 Milliliter Folgemilch zu sich nehmen.

Kindermilch

Kindermilch ist auf die Bedürfnisse der Ein- bis Dreijährigen zugeschnitten und sorgt für eine ausreichende Versorgung mit Eisen und essenziellen Fettsäuren, die in Kuhmilch nicht enthalten sind. Wenn Sie Ihrem Kind keine Kindermilch geben können, sollten Sie unbedingt auf Vollmilch und nicht auf entrahmte Milch zurückgreifen.

Alles nur eine Frage der Organisation?

Das ist doch eine Phrase, werden Sie jetzt vielleicht sagen. Aber es ist nun mal eine Tatsache. Nur mit einer gut funktionierenden Logistik werden Sie verhindern, dass Sie nach ein paar Wochen unter der Belastung von Kochen, Beruf und Kind zusammenbrechen. Sie werden sehen: Mit der Zeit werden Sie die Essenszubereitung ganz automatisch in Ihren Alltag integriert haben. Und dann werden Sie sich sagen: „Eigentlich gehört gar nicht viel dazu, für seine Lieben zu kochen!" Doch zuvor ein bisschen Theorie. Die Grundlagen einer perfekten Organisation lassen sich an einer Hand abzählen:

Regel Nr. 1: *Legen Sie sich eine „Notreserve" an.*
Weshalb „Notreserve"? Weil Ihnen diese Lebensmittel das Leben retten. Wenn Sie sie stets im Haus haben, können Sie daraus gesunde, leckere und schnelle Gerichte für die ganze Familie zaubern. Ohne diesen „Mindestvorrat" wird jedes Rezept zum Himalaja, den man im Alltag unmöglich erklimmen kann, weil Sie ständig wegen ein, zwei fehlender Zutaten einkaufen gehen müssten. Ein wahrer Albtraum für eine berufstätige Mutter. Deshalb empfehle ich Ihnen, es sich zur Gewohnheit zu machen, Ihre „Notreserve" regelmäßig zu überprüfen und aufzufüllen.

Regel Nr. 2: *Aus eins mach zwei.*
Gewiss, in erster Linie wird das, was Sie kochen, für Ihr Baby bestimmt sein. Doch dabei sollten Sie bereits weiterdenken. Denn das Gemüse oder was sonst Sie für Ihr Kind zubereiten, kann gleichzeitig als Grundlage für Ihre eigene Mahlzeit dienen. So müssen Sie nicht den ganzen Abend am Herd stehen und hier etwas für Ihr Nesthäkchen, da etwas für die beiden Großen und dann auch noch etwas für das Tête-à-tête mit Ihrem Liebsten kochen. Deshalb finden Sie bei fast jedem Rezept in diesem Buch Empfehlungen, wie sich das Babygericht in eine schmackhafte Mahlzeit für die Großen verwandeln lässt.

Regel Nr. 3: *Wer vorsorgt, erspart sich Arbeit.*
Seien wir ehrlich: Es gibt Abende, da findet selbst der Tüchtigste nicht die Zeit, auch nur 20 Minuten für die Zubereitung des Essens zu erübrigen. Ein Meeting, das kein Ende nehmen will, ein gigantischer Stau, eine beginnende Grippe … Aber keine Panik: Eine perfekt organisierte Mutter wie Sie hat für diesen Fall vorgesorgt. Wie? Indem Sie die „Notfallportionen" aus der Kühltruhe nehmen, die Sie an guten Tagen im Voraus gekocht haben.

Sie gehören nicht zu denen, die lange im Voraus planen, und fürchten, sich nie dazu aufraffen zu können, solche „Notfallportionen" vorzubereiten? Kein Problem. Ich bin extrem faul und deshalb greife ich zu einem Trick: Sie müssen die Pürees lediglich in größeren Mengen zubereiten, wenn Sie die Mahlzeit für Ihr Baby oder das Gemüse für die Familie kochen und können dann die restlichen Portionen tiefkühlen.

Regel Nr. 4: *Planen Sie für die ganze Woche im Voraus.*
Sie erleichtern sich das Leben sehr, wenn Sie Ihren Speiseplan für eine ganze Woche im Voraus planen. Zum einen weil Sie so Ihre Einkäufe alle auf einmal erledigen können und nach der Arbeit nicht im überfüllten Supermarkt anstehen müssen. Zum anderen weil Sie die Gerichte danach planen können, wie viel Zeit Sie jeweils für das Kochen erübrigen können. Dienstagabends bleibt Ihnen wenig Zeit, weil Ihr Chef das obligatorische Meeting konsequent bis nach 19 Uhr ausdehnt? Verschieben Sie den Ossobuco, den Sie eigentlich machen wollten, und nutzen Sie den Montagabend, an dem es gewöhnlich ruhig ist, weil Ihr Ältester dann immer bei seiner Tante übernachtet, um für den Dienstagabend ein Ratatouille vorzubereiten.

Regel Nr. 5: *Legen Sie am Sonntagabend nicht die Hände in den Schoß.*
Wie oft haben Sie sich schon über das Sonntagabendprogramm des Fernsehens mit den ewigen Wiederholungen geärgert? Nutzen Sie den Abend, um das Abendessen für die ganze Woche vorzubereiten, anstatt sich die 32. Wiederholung von Rocky II anzusehen. Arbeiten Sie stattdessen eine Stunde in der Küche – und hören dabei schöne Musik –, und schon haben Sie an den Wochentagen, wenn Sie abends müde, gestresst und genervt sind, Zeit gewonnen. Kochen Sie sämtliche Saucen vor und frieren Sie sie ein. Wenn Sie bereits wissen, dass Sie an einigen Abenden wenig Zeit haben werden, bereiten Sie gleich das komplette Abendessen vor und frieren es ein, sodass Sie später nur noch die Beilagen (Nudeln, Reis …) kochen müssen. Für mich waren diese Stunden an den Sonntagabenden, die ich allein mit meiner Musik in der Küche verbrachte und dabei meinen Gedanken nachhängen konnte, immer eine wunderbare Auszeit. Und wenn ich unter der Woche nur noch ein paar Minuten brauchte, um die vorbereiteten Gerichte aufzuwärmen, war das einfach das Größte.

Nützliche Küchenhelfer

Standmixer (ersatzweise Pürierstab)
Dieses einfach zu bedienende und zu reinigende Küchengerät sollte in Ihrer Küche nicht fehlen. Verwandelt es Obst und Gemüse doch im Nu in die herrlichsten – je nach Alter Ihres Babys mehr oder weniger glatten – Pürees.

Schmortopf mit schwerem Boden und Deckel
Eine Investition, die sich lohnt! Können Sie in diesem vielseitigen Topf doch sowohl einen Risotto als auch Nudeln kochen, ein Ragout schmoren oder ein Stück Fleisch anbraten. Ideal für kleine Küchen!

Sparschäler
Ersatzweise tut es auch ein sehr scharfes Messer. Mit dem Sparschäler können Sie die Schalen allerdings besonders dünn abschälen, damit die Vitamine erhalten bleiben. Ganz abgesehen davon, dass man damit in Windeseile schälen kann.

Kartoffelstampfer
Für Kartoffelpürees sollte man keinesfalls den Mixer benutzen, sie werden sonst zäh und klebrig. Am besten eignet sich dafür ein Kartoffelstampfer, der in jedem Haushaltswarengeschäft erhältlich und im Handumdrehen wieder sauber ist.

Großes Spitz- oder Passiersieb
Durch das Spitzsieb können Sie Pürees, Saucen, Coulis und Kompotte streichen und auch Nudeln oder Gemüse darin abtropfen lassen.

Dicht schließende Kunststoffdosen in verschiedenen Größen
Zum Einfrieren, Aufwärmen und Aufbewahren. Die praktischen Dosen sollten in Ihrer Küche nicht fehlen, denn sie erleichtern Ihnen die Organisation und damit das Leben.

Alufolie
Zum Garen darf sie in keiner Küchenschublade fehlen. Zum Einwickeln – vor allem säurehaltiger Lebensmittel – eignet sich besser Frischhaltefolie.

Backpapier
Das praktische Papier verhindert das Anbrennen, sorgt dafür, dass sich Kuchen leichter stürzen lassen und eignet sich sogar zum Garen. Und keine Sorge: Den Backofen setzt es bestimmt nicht in Brand.

Gefrierbeutel
Besonders praktisch: Gefrierbeutel mit Zip-Verschluss. Man kann darin Reste aufbewahren, die Mahlzeiten für das Baby portionsweise einfrieren oder im Kühlschrank aufbewahren oder den Nachmittagsimbiss für den kleinen Genießer für unterwegs verpacken.

Küchenbrett und scharfes Messer
Das Küchenbrett sollte nicht zu klein, aus Plastik (Holzbretter sind Brutstätten für Mikroorganismen) und gut zu handhaben sein, damit nicht die Hälfte danebenfällt, wenn Sie das klein geschnittene Gemüse in den Topf befördern.

KULINARISCHES NOTFALLSET
Grundzutaten

Auf den folgenden vier Seiten finden Sie die – in vier Lebensmittelgruppen unterteilte – Grundzutaten, die Sie stets vorrätig haben sollten, die Sie regelmäßig benötigen und die Sie immer rechtzeitig – in der Regel alle zwei Monate – überprüfen und nachkaufen sollten.

Honig

ungeschwefelte Rosinen

ungeschwefelte getrocknete Aprikosen und Backpflaumen

Kreuzkümmel, Ingwer, Viergewürz, Zimt

Zucker

Olivenöl und Rapsöl

Rohrohrzucker

Biobrühwürfel

Nudeln

Mehl

Müsli (ganz nach Geschmack)

Couscous & Maisgrieß (Polenta)

Langkorn- oder Basmati- und Rundkornreis

KULINARISCHES NOTFALLSET
Tiefkühlprodukte

Sie können Ihnen das Leben erheblich erleichtern: frisch eingefrorene Lebensmittel sind lange haltbar, ohne dabei Geschmack und Nährstoffe einzubüßen.

Beeren (Heidelbeeren, Brombeeren, Himbeeren, Johannisbeeren)

Kräuter (Basilikum, Schnittlauch, Estragon, Thymian, Koriander) sowie Schalotten und Knoblauch, gehackt

Fischfilets (Kabeljau, Lachs, Thunfisch) und Hähnchenbrustfilet

Grünes Gemüse (Erbsen, Brokkoli, Bohnen)

KULINARISCHES NOTFALLSET
Milchprodukte

Diese Lebensmittel sollten in Ihrem Kühlschrank nicht fehlen und bei jedem Besuch im Supermarkt nachgekauft werden.

Parmesan

Milch

Naturjoghurt oder Frischkäsezubereitungen

Crème fraîche

Frischkäse

Butter

KULINARISCHES NOTFALLSET
Obst und Gemüse

Lagern Sie diese leckeren, gesunden Schätze in kleinen Mengen im Gemüsefach des Kühlschranks bzw. im Gemüse- oder Obstkorb und füllen Sie Ihren Vorrat wöchentlich auf.

Orangen und Clementinen (im Winter)

Äpfel

Bananen

Tomaten und Kirschtomaten

und natürlich Obst der Saison

Zucchini

Kartoffeln

Karotten

*Mona, 6 Monate,
Feinschmeckerin*

Die ersten Frucht- & Gemüsepürees

Frühestens ab dem vollendeten 4. Lebensmonat
(Wenn Ihr Kind Pürees erst ab dem 6. Monat annimmt
oder Sie nicht früher Beikost
geben möchten, ist das auch nicht schlimm!)

Dr. Jean Lalau Keraly
Facharzt
für Kinderheilkunde, Kinderernährung
und Endokrinologie

Die Entdeckung der Lebensmittel

Wann sollte man mit fester Nahrung beginnen?

Die große Frage, die alle Eltern umtreibt. Die einen fürchten, bei ihrem kleinen Nimmersatt könnten Mangelerscheinungen auftreten oder er könnte nicht satt werden, wenn er nach dem 4. Monat nicht seinen ersten Brei bekommt. Andere machen die völlig harmlose grüne Bohne als möglichen Allergieauslöser aus und lassen ihr Kind erst gar nicht in den Genuss kommen.

Hören Sie auf Ihr Baby

Der Zeitpunkt, dem Baby sein erstes Obst oder Gemüse zu geben, ist gekommen, wenn es anfängt sich dafür zu interessieren. Trinkt es mit fünf Monaten sein Fläschchen nur noch widerwillig leer oder mag es nicht mehr an die Brust? Streckt es die Hand nach dem Essen aus, das Sie auf dem Teller haben, oder verlangt es nach dem Brot, das Sie gerade in den Mund stecken wollen? Dann ist zweifellos der Moment gekommen, ihm die ersten Breie zu geben. Sie können es gar nicht mehr erwarten, Ihrem Kind den ersten Karottenbrei zu geben, aber es saugt weiter gierig an seinem Fläschchen oder Ihrer Brust und weigert sich standhaft, den Mund aufzumachen, wenn Sie sich mit dem vollen Löffel nähern? Versuchen Sie es später noch einmal. Sie können zwar nach dem 4. Lebensmonat die ersten Versuche starten, es macht aber auch nichts, wenn es bis zum 6. Monat dauert, bis Ihr Baby feste Nahrung annimmt. Das Grundnahrungsmittel ist nach wie vor die Milch und sie sorgt für ein altersgerechtes Wachstum. Die ersten festen Mahlzeiten dienen nur sehr bedingt der Versorgung mit Nährstoffen, sondern vor allem dazu, das Kind an die Welt des Geschmacks und an das Vergnügen zu essen heranzuführen.

Obst oder Gemüse?

Das ist eine Frage, die Eltern dem Kinderarzt regelmäßig stellen. Die Ärzteschaft ist in dieser Frage in zwei Lager gespalten. Die einen empfehlen, mit Gemüse zu beginnen, die anderen raten dazu, mit Obst anzufangen. Für beide Empfehlungen gibt es gute Argumente. Tatsächlich spielt es jedoch nur eine untergeordnete Rolle, ob Sie Ihr Kind mit Gemüse oder Obst an ein Lebensmittel heranführen. Sie sollten anfangs lediglich bestimmte mit Risiken behaftete Lebensmittel meiden, das heißt solche wie Eiweiß, Erdbeeren, Nüsse …, die Allergien auslösen können.

Lassen Sie Ihrem Kind Zeit

Manche Eltern sind besorgt, wenn ihr Kind die in den Ernährungsplänen angegebenen (glutenfreien) Getreideprodukte ablehnt. Solange Ihr Säugling gesund ist, müssen Sie sich deshalb keine Gedanken machen. Bieten Sie ihm während der Nahrungsumstellung das an, was er mag, was seine Neugier weckt. Lassen Sie Ihr Kind die Lebensmittel kennenlernen und seien Sie unbesorgt, wenn es nicht die vom Kinderarzt empfohlenen 14,5 Gramm zu sich nimmt. Für eine ausreichende Versorgung mit Nährstoffen sorgt ja die Milch.

Ihr Kind möchte noch mehr Karottenbrei?

Erfüllen Sie den Wunsch. Ihre Aufgabe besteht darin, es entdecken zu lassen, dass Obst und Gemüse etwas Wunderbares sind. Bieten Sie ihm also einfach das Obst oder Gemüse an, das Sie gerade kochen möchten oder nach dem Ihr Kind verlangt. Es ist heiß? Dann servieren Sie ihm ein Pfirsichpüree. Es ist kalt? Dann kochen Sie ihm ein gutes Brokkolipüree. Gehen Sie bei der Nahrungsumstellung behutsam vor, bieten Sie dem Kind alle drei bis vier Tage immer wieder das gleiche Lebensmittel an und beobachten Sie, wie es darauf reagiert. Wenn alles gut geht, können Sie so weitermachen und ihm Schritt für Schritt ein neues Lebensmittel nach dem anderen anbieten.

Zwingen Sie das Kind niemals zum Essen

Das könnte zur Folge haben, dass es später ein gestörtes Verhältnis zum Essen entwickelt. Beschränken Sie sich darauf, ihm das zubereitete Obst oder Gemüse anzubieten und seine Reaktion zu beobachten. Und setzen Sie es ruhig mit an den Tisch, wenn Sie mit dem Rest der Familie Ihre Mahlzeiten einnehmen, damit es sich mit Ihren (guten!) Ernährungsgewohnheiten vertraut machen kann. Und wenn es dabei entdeckt, dass Sie genau das Gleiche essen wie es selbst, wird es kaum erwarten können, all die Köstlichkeiten selbst zu probieren.

Keine Angst vor der Nahrungsumstellung

Eltern, die sich wegen möglicher Risiken Gedanken machen, sei gesagt: Sie können Ihrem Kind keine Schutzglocke überstülpen und es gewaltsam im Zustand eines Säuglings halten. Der Übergang zur festen Nahrung ist ein Wendepunkt in seiner psychomotorischen Entwicklung. Die Lebensmittel sind nicht gefährlich, selbst wenn Ihr Kind zu Allergien neigt. Man muss sich nur Zeit nehmen, damit es sich die Palette der Früchte und Gemüse so erschließen kann, wie es möchte. Sie sollten dabei seine Reaktionen beobachten und die Ernährung seinen besonderen Bedürfnissen anpassen. Außerdem sollten Sie bedenken, dass man nicht zu lange (bis nach dem 7./8. Lebensmonat) mit der Einführung der ersten Lebensmittel warten darf, da man sonst Gefahr läuft, dass bei dem Kind Mangelerscheinungen auftreten oder dass es Essstörungen entwickelt.

Nicht zu früh mit der Nahrungsumstellung beginnen

Wer zu früh mit der Einführung fester Nahrung beginnt (vor dem 4. Lebensmonat), sollte wissen, dass er damit ein vollwertiges Nahrungsmittel – die Mutter- oder Säuglingsmilch – durch etwas Minderwertigeres ersetzt, was mehr oder weniger gravierende Störungen nach sich ziehen kann. Erst nach dem vollendeten 4. Lebensmonat ist das Verdauungssystem des Babys in der Lage, andere Lebensmittel zu assimilieren. Die Darmschleimhaut hat sich so weit entwickelt, dass sich das Risiko von Lebensmittelallergien verringert. Der Saugreflex hat abgenommen, und die Muskelkoordination hat sich verbessert, sodass das Kind in der Lage ist, die Breie mit der Zunge in den Schlund zu befördern und anschließend herunterzuschlucken.

DIE ERSTEN FRUCHTPÜREES

Pfirsichpüree

Ergibt 5 Portionen
à 100 Gramm

*12 gelbfleischige Pfirsiche
Rohrohrzucker (nach
Belieben)*

1. Die Pfirsiche waschen, die Steine entfernen und das Fruchtfleisch klein schneiden.
2. Das Fruchtfleisch in einen Topf geben, so viel Wasser angießen, dass es zu einem Drittel damit bedeckt ist, aufkochen lassen, den Deckel auflegen und die Pfirsiche 10 Minuten bei mittlerer Hitze kochen. Am Ende der Garzeit sollten nur noch drei bis vier Esslöffel Wasser im Topf sein.
3. Ganz wenig Zucker nach Belieben hinzufügen und alles zu einem glatten Püree verarbeiten.

Meine Empfehlung

Am Ende der Kochzeit noch ein oder zwei frische Minzeblätter dazugeben.
Pfirsiche sind relativ saftig. Sollte am Ende der Kochzeit noch zu viel Flüssigkeit im Topf sein, diese bis auf drei bis vier Esslöffel vorsichtig abgießen und anstelle von Zucker zum Süßen von Joghurts verwenden.

DIE ERSTEN FRUCHTPÜREES

Apfelmus

Ergibt 5 Portionen
à 100 Gramm

5–6 süße Äpfel (etwa 600 g; vorzugsweise Elstar, Boskop, Golden Delicious)

1. Die Äpfel waschen und dünn schälen, die Kerngehäuse entfernen und das Fruchtfleisch in Würfel schneiden.
2. Das Fruchtfleisch in einen Topf geben, so viel Wasser angießen, dass die Äpfel zur Hälfte damit bedeckt sind, aufkochen und 15 Minuten bei mittlerer Hitze ohne Deckel kochen lassen. Am Ende der Kochzeit sollten nur noch drei bis vier Esslöffel Flüssigkeit im Topf und die Äpfel sehr weich sein.
3. Die Äpfel anschließend zu einem glatten Püree verarbeiten.

Meine Empfehlung

Die Äpfel vor dem Kochen noch mit einer Prise Zimt verfeinern. Zwei Äpfel durch zwei geschälte und in Scheiben geschnittene Bananen ersetzen und das Püree wie oben beschrieben zubereiten. Meine Kinder essen das Apfelmus so besonders gern.

DIE ERSTEN FRUCHTPÜREES

Birnenpüree

Ergibt 5 Portionen
à 100 Gramm

*6 große Birnen (etwa 600 g),
vorzugsweise die Sorte
Williams Christ*

1. Die Birnen waschen und dünn schälen, die Kerngehäuse entfernen und das Fruchtfleisch in Würfel schneiden.
2. Die Fruchtwürfel in einen Topf geben, so viel Wasser angießen, dass sie zur Hälfte damit bedeckt sind, aufkochen und 15 Minuten bei mittlerer Hitze ohne Deckel kochen lassen. Am Ende der Kochzeit sollten nur noch drei bis vier Esslöffel Flüssigkeit im Topf und die Birnen sehr weich sein.
3. Die Birnen anschließend zu einem glatten Püree verarbeiten.

Meine Empfehlung

Das Birnenpüree schmeckt noch besser, wenn man es mit Vanille verfeinert. Dazu eine Vanilleschote der Länge nach aufschlitzen, das Mark mit einem Messer herauskratzen und vor dem Kochen mit der Schote zu den Birnen geben. Die Schote vor dem Pürieren herausnehmen.

DIE ERSTEN FRUCHTPÜREES

Aprikosenpüree

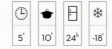

Ergibt 5 Portionen
à 100 Gramm

15 Aprikosen (etwa 600 g)

1. Die Aprikosen waschen, die Kerne entfernen und das Fruchtfleisch klein schneiden.
2. Die Aprikosen in einen Topf geben, so viel Wasser angießen, dass sie zur Hälfte damit bedeckt sind, aufkochen lassen und dann zugedeckt 15 Minuten bei mittlerer Hitze kochen. Am Ende der Kochzeit sollten nur noch drei bis vier Esslöffel Flüssigkeit im Topf sein.
3. Das Aprikosenfruchtfleisch anschließend zu einem glatten Püree verarbeiten.

Meine Empfehlung

Das Aprikosenpüree noch mit Vanille verfeinern. Dazu eine Vanilleschote der Länge nach aufschlitzen, das Mark mit einem Messer herauskratzen und vor dem Kochen mit der Schote zu den Aprikosen geben. Die Schote vor dem Pürieren herausnehmen.

Man kann auch vor dem Pürieren noch zwei Basilikumblätter hinzufügen.

Für die Erwachsenen: Das Aprikosenpüree passt hervorragend zu gegrilltem Fleisch oder zu Ziegenkäse …

Melonenpüree

5' 20' 24ʰ -18°

**Ergibt 5 Portionen
à 100 Gramm**

*Für die ganz Kleinen sollte man
das Püree einmal kurz erhitzen.*

1 Charentais-Melone

1. Die Melone halbieren und die Kerne entfernen. Die Melonenhälften in schmale Spalten schneiden, die Schale mit einem Messer entfernen und das Fruchtfleisch klein schneiden.
2. Das rohe Fruchtfleisch anschließend pürieren.

Variante für einen intensiveren Geschmack:
Man kann die Melonenspalten vor dem Pürieren im Backofen rösten. Dadurch verringert sich der Wassergehalt und der Geschmack wird intensiver.
1. Den Backofen auf 200 °C vorheizen.
2. Die ungeschälten Melonenspalten auf ein mit Alufolie ausgelegtes Backblech legen.
3. Das Blech in den Ofen schieben und die Melonenscheiben etwa 20 Minuten rösten.
4. Die Melonenspalten aus dem Ofen nehmen, schälen und im Mixer zu einem glatten Püree verarbeiten.

Meine Empfehlung

Das Püree mit gerösteter Wassermelone zubereiten. Die Menge dazu verdoppeln und die Kerne sorgfältig entfernen.
Für die Erwachsenen ist das erfrischende Melonenpüree – mit einer Kugel Vanilleeis und fein geschnittenen Basilikumblättern – ein hervorragendes Dessert.

DIE ERSTEN FRUCHTPÜREES

Mirabellenpüree

Ergibt 5 Portionen
à 100 Gramm

*750 g Mirabellen
Rohrohrzucker (nach
Belieben)*

1. Die Mirabellen waschen, halbieren und die Kerne entfernen.
2. Die Hälften in einen Topf geben, so viel Wasser angießen, dass die Mirabellen zur Hälfte damit bedeckt sind, aufkochen und davon etwa 10 Minuten bei mittlerer Hitze ohne Deckel kochen lassen.
3. Nach Belieben ganz wenig Zucker hinzufügen und das Ganze weitere 5 Minuten kochen lassen.
4. Am Ende der Kochzeit sollten noch drei bis vier Esslöffel Flüssigkeit im Topf sein. Überschüssige Flüssigkeit abgießen und zum Süßen von Quark oder Joghurt verwenden. Sollte zu viel Flüssigkeit verdunstet sein, noch ein paar Löffel Wasser hinzufügen.
5. Die Mirabellenhälften anschließend zu einem glatten Püree verarbeiten.

Meine Empfehlung

Für größere Kinder kann der Rohrohrzucker auch durch Honig ersetzt werden. Knusprig wird der Genuss für die Großen, wenn man den Zucker unmittelbar vor dem Servieren über das ungesüßte Püree streut.
Außerhalb der Saison eignen sich auch hervorragend tiefgekühlte Mirabellen.

DIE ERSTEN FRUCHTPÜREES

Mango-Bananen-Püree

Ergibt 5 Portionen
à 100 Gramm

*2 reife Mangos (etwa 400 g
Fruchtfleisch)*
3 Bananen

1. Die Mangos halbieren. Dazu der Länge nach rundherum am Stein einschneiden und die Hälften vom Stein lösen. Die Hälften mit einem kleinen Messer schälen und das Fruchtfleisch klein schneiden. Eventuell noch am Stein haftendes Fleisch ebenfalls abschneiden.
2. Die Bananen schälen und in Scheiben schneiden.
3. Die Früchte in einen Topf geben, so viel Wasser angießen, dass sie zur Hälfte damit bedeckt sind, aufkochen und dann zugedeckt 10 Minuten kochen lassen. Am Ende der Kochzeit sollten noch etwa drei Esslöffel Flüssigkeit im Topf sein.
4. Die Früchte zu einem glatten Püree verarbeiten.

Meine Empfehlung

Preiswerter und zeitsparender ist es, wenn Sie tiefgekühlte Mangos verwenden, die bereits geschält und in Scheiben geschnitten angeboten werden. Ideal für Pürees und Kompotte.

DIE ERSTEN FRUCHTPÜREES

Ananas-Litschi-Püree

Ergibt 5 Portionen
à 100 Gramm

*2 Viktoria-Ananas (etwa 300 g
Fruchtfleisch; ersatzweise andere
süße Ananas)
200 g Litschis (frisch oder
tiefgekühlt; keine – gesüßte –
Dosenware)*

1. Die Ananas sorgfältig schälen, den harten Strunk herausschneiden und das Fruchtfleisch würfeln.
2. Die Litschis schälen und die Kerne entfernen.
3. Die Früchte in einen Topf geben, so viel Wasser angießen, dass sie zur Hälfte damit bedeckt sind, aufkochen und dann zugedeckt 20 Minuten bei schwacher Hitze kochen lassen. Am Ende der Kochzeit sollten noch etwa drei Esslöffel Flüssigkeit im Topf sein, ansonsten überschüssige Flüssigkeit vorsichtig abgießen.
4. Die Früchte zu einem glatten Püree verarbeiten.

Meine Empfehlung

Wegen der faserigen Konsistenz des Fruchtfleischs der Ananas sollten Sie den ganz Kleinen dieses Püree nicht geben.

Dies war das Lieblingspüree meiner Tochter. Deshalb habe ich es oft zubereitet. Damit es schneller geht, die vorbereiteten Früchte am besten einfrieren.

DIE ERSTEN FRUCHTPÜREES

Kirsch-Apfel-Püree

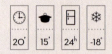

Ergibt 5 Portionen
à 100 Gramm

400 g Kirschen
3 Äpfel (etwa 300 g; vorzugsweise
Boskop oder Golden Delicious)

1. Die Kirschen waschen, entstielen und entsteinen.
2. Die Äpfel waschen, dünn schälen, die Kerngehäuse entfernen und das Fruchtfleisch in Würfel schneiden.
3. Die Früchte in einen Topf geben, so viel Wasser angießen, dass sie zur Hälfte damit bedeckt sind, aufkochen und dann zugedeckt 15 Minuten kochen lassen. Am Ende der Kochzeit sollten noch etwa drei Esslöffel Flüssigkeit im Topf sein, ansonsten überschüssige Flüssigkeit vorsichtig abgießen.
4. Die gegarten Früchte zu einem glatten Püree verarbeiten.

Meine Empfehlung

Im Herbst die Kirschen durch blaue Trauben ersetzen. Dazu die Trauben waschen, halbieren und die Kerne entfernen. Um die Säure der Traubenschalen auszugleichen, am besten sehr süße Äpfel wie den Golden Delicious verwenden.

Pflaumen-Birnen-Püree

Ergibt 5 Portionen
à 100 Gramm

*15 mittelgroße Pflaumen
(etwa 350 g)
3 Birnen (vorzugsweise Williams
Christ oder andere süße Birnen)*

1. Die Pflaumen waschen und entsteinen.
2. Die Birnen waschen, dünn schälen, die Kerngehäuse entfernen und das Fruchtfleisch in Würfel schneiden.
3. Die Früchte in einen Topf geben, so viel Wasser angießen, dass sie zu einem Drittel damit bedeckt sind, aufkochen und dann zugedeckt 15 Minuten kochen lassen. Am Ende der Kochzeit sollten noch etwa drei Esslöffel Flüssigkeit im Topf sein, überschüssige Flüssigkeit vorsichtig abgießen.
4. Die Früchte zu einem glatten Püree verarbeiten.

Meine Empfehlung

Wählen Sie aus der Vielzahl von Pflaumensorten sehr reife und süße Früchte, denn die Schale verleiht dem Püree eine säuerliche Note.

DIE ERSTEN GEMÜSEPÜREES

Karottenpüree

15' 15' 24ʰ -18°

Ergibt 5 Portionen
à 100 Gramm

8 große Karotten (etwa 500 g)
1 TL Sonnenblumen- oder Rapsöl

1. Die Karotten waschen, putzen und in Scheiben schneiden.
2. Das Gemüse in einen Topf geben, mit Wasser bedecken und 15 Minuten kochen.
3. Die gegarten Karotten abgießen und mit dem Öl zu einem glatten Püree verarbeiten.

Meine Empfehlung

Um den angenehm süßlichen Geschmack der Karotten zu unterstreichen, am Ende der Kochzeit einige Korianderblätter hinzufügen, diese aber vor dem Pürieren wieder entfernen. Eine orientalische Note bekommt Ihr Karottenpüree, wenn Sie die Karotten in 200 Milliliter Orangensaft kochen. Die Karotten nach dem Kochen mit der verbliebenen Flüssigkeit, einer großen Prise gemahlenem Kreuzkümmel und einer Prise Zucker pürieren. Das schmeckt auch den Großen!

DIE ERSTEN GEMÜSEPÜREES

Brokkolipüree

7' 10' 24ʰ -18°

Ergibt 5 Portionen
à 100 Gramm

*600 g Brokkoliröschen (frisch
oder tiefgekühlt)
1 TL Oliven- oder Rapsöl*

1. Die Brokkoliröschen waschen und klein schneiden.
2. Das Gemüse in einen Topf geben, so viel Wasser angießen, dass der Brokkoli zur Hälfte damit bedeckt ist, aufkochen und dann 10 Minuten ohne Deckel kochen. Am Ende der Garzeit sollten noch etwa zwei Esslöffel Flüssigkeit im Topf sein.
3. Den Brokkoli mit der verbliebenen Flüssigkeit und dem Oliven- oder Rapsöl zu einem glatten Püree verarbeiten.

Meine Empfehlung

Damit das Püree milder und cremiger wird, rühre ich manchmal noch zwei kleine Portionspäckchen Frischkäse darunter, achten Sie aber auf den Salzgehalt des Käses.
Köstlich schmeckt es auch, wenn man direkt vor dem Pürieren ein paar Blättchen Petersilie oder Salbei untermischt.
Rapsöl besitzt die Vorteile von Olivenöl – hoher Gehalt an Ölsäure –, ein ausgewogenes Verhältnis von Omega-3- und Omega-6-Fettsäuren und zudem relativ wenig gesättigte Fettsäuren und ist deshalb zu empfehlen. Die Vorzüge von Olivenöl liegen vor allem in seinem ausgeprägten Geschmack.

DIE ERSTEN GEMÜSEPÜREES

Erbsenpüree

5' 10' 24ʰ -18°

Ergibt 5 Portionen
à 100 Gramm

500 g Tiefkühlerbsen
2 EL Crème fraîche

1. Die Erbsen in einem Topf mit Wasser bedecken, aufkochen und 7–8 Minuten kochen lassen; anschließend abgießen und abtropfen lassen.
2. Mit der Crème fraîche zu einem glatten Püree verarbeiten.

Meine Empfehlung

Eine leicht säuerliche Note bekommt das Püree, wenn Sie zwei frische Minzeblätter mitpürieren. Das schmeckt nicht nur Ihrem Baby, sondern der ganzen Familie – etwa zu gegrilltem Lamm. Manche Kinder mögen die leicht körnige Konsistenz dieses Pürees nicht, die durch die etwas dickere Erbsenschale entsteht. Ich finde es allerdings gut, wenn sich die Kinder an die natürliche Beschaffenheit der Lebensmittel gewöhnen. Glatter wird das Püree, wenn Sie es noch durch ein feines Sieb passieren. Wenn man seinem Kind noch keine Milchprodukte geben möchte, kann man anstelle der Crème fraîche auch einen Teelöffel Rapsöl in das Püree geben.

DIE ERSTEN GEMÜSEPÜREES

Bohnenpüree

Ergibt 5 Portionen
à 100 Gramm

500 g grüne Bohnen (frisch oder tiefgekühlt)
1 TL Oliven- oder Rapsöl

1. Die Bohnen abfädeln.
2. Das Gemüse in einen Topf geben, so viel Wasser angießen, dass es zur Hälfte damit bedeckt ist, aufkochen und 10 Minuten ohne Deckel kochen lassen. Am Ende der Garzeit sollten noch etwa zwei Esslöffel Flüssigkeit im Topf sein.
3. Die Bohnen mit der Garflüssigkeit und dem Öl pürieren.

Meine Empfehlung

Die Hälfte der Bohnen durch Erbsen ersetzen. Das Püree wird so etwas süßer und sämiger.
Für eine sommerliche Note vor dem Pürieren noch zwei Basilikumblätter hinzufügen. Das Basilikum passt hervorragend zu beiden Varianten dieses Pürees.

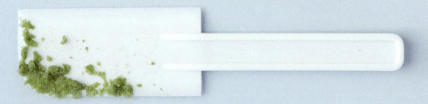

DIE ERSTEN GEMÜSEPÜREES

Avocadopüree

5' 5'

Ergibt 1 Portion
à 100 Gramm

1 sehr reife Avocado
2–3 Tropfen Zitronensaft

1. Die Avocado halbieren und den Kern entfernen.
2. Das Fruchtfleisch mit einem Löffel aus der Schale schaben und in eine Schüssel geben.
3. Mit dem Zitronensaft pürieren, damit die Avocado ihre schöne grüne Farbe behält.

Meine Empfehlung

Im Unterschied zu den anderen Früchten reift die Avocado nicht am Baum, sondern erst nach dem Pflücken. Die Avocado zum Reifen einfach in ein Stück Packpapier einwickeln und bei Zimmertemperatur aufbewahren. Am besten legen Sie sie neben eine Banane oder einen Apfel. Das Ethylen, das die Früchte verströmen, beschleunigt die Reifung.

Meine Tochter Maya isst dieses Püree heute noch gerne zu Hähnchen und gegrilltem Fleisch oder Fisch wie Thunfisch oder Schwertfisch. Seitdem sie größer ist, verfeinern wir das Püree noch mit einer kleinen Prise Salz und einem Tropfen Tabasco.

DIE ERSTEN GEMÜSEPÜREES

Süßkartoffelpüree

5' 15' 24h -18°

Ergibt 5 Portionen
à 100 Gramm

*3 große Süßkartoffeln
(etwa 600 g)
10 g Butter*

1. Die Süßkartoffeln waschen, schälen und in Würfel schneiden.
2. Das Gemüse in einen Topf geben, mit Wasser bedecken, aufkochen, 15 Minuten kochen lassen und danach abgießen.
3. Die Süßkartoffeln mit der Butter zu einem glatten Püree verarbeiten.

Meine Empfehlung

Kinder mögen den milden, süßlichen Geschmack der Süßkartoffel sehr gern. Für die größeren schneide ich sie gerne in Stifte und röste sie etwa 20 Minuten im Backofen. Der Geschmack wird dadurch noch intensiver, und die Kinder lieben es, die Stäbchen mit den Fingern zu essen.

DIE ERSTEN GEMÜSEPÜREES

Pastinakenpüree

Ergibt 5 Portionen
à 100 Gramm

*4 Pastinaken (etwa 600 g,
siehe Seite 186)
10 g Butter*

1. Die Pastinaken waschen, schälen und in Würfel schneiden.
2. Das Gemüse mit 200 Milliliter Wasser in einen Topf geben, aufkochen, 15 Minuten kochen lassen und danach abgießen. Dabei etwas Wasser zum Pürieren auffangen.
3. Die Pastinaken mit der Butter und etwas Wasser zu einem glatten, sämigen Püree verarbeiten.

Meine Empfehlung

Für ältere Säuglinge – ab dem 9. Monat – kann man die Pastinaken in 200 Milliliter Milch garen und dann wie beschrieben fortfahren.
Eine Pastinake durch einen süßen Apfel (zum Beispiel Boskop) ersetzen. Den geschälten und klein geschnittenen Apfel 5 Minuten vor Ende der Garzeit zu den Pastinaken geben. Das überschüssige Wasser abgießen und die Mischung pürieren.
Den Großen serviere ich dieses fruchtige Püree mit einem guten Bœuf bourguignon oder mit Lammkoteletts.

DIE ERSTEN GEMÜSEPÜREES

Blumenkohlpüree

Ergibt 5 Portionen
à 100 Gramm

*600 g Blumenkohlröschen (frisch
oder tiefgekühlt)
200 Milliliter Milch
10 g Butter*

1. Die frischen Blumenkohlröschen waschen.
2. Die Milch in einem Topf aufkochen lassen, den Blumenkohl hinzufügen und 15 Minuten bei mittlerer Hitze (die Milch kocht schnell über) kochen.
3. Die Milch abgießen, aber nicht wegschütten.
4. Den Blumenkohl mit der Butter zu einem glatten, sämigen Püree verarbeiten. Dabei gegebenenfalls etwas Milch hinzufügen, bis das Püree die gewünschte Konsistenz hat.

Meine Empfehlung

5 Minuten vor Ende der Kochzeit einen Thymianzweig in den Topf geben. Der Thymian mildert den Geschmack des Blumenkohls, ohne ihn zu verfälschen. Den Thymian vor dem Pürieren wieder herausnehmen.

Wer seinem Säugling noch keine Milch geben möchte, kann die Milch auch durch 200 Milliliter Wasser ersetzen und den Blumenkohl darin garen. Dann wie oben beschrieben in der Zubereitung fortfahren.

Kürbispüree

Ergibt 5 Portionen
à 100 Gramm

*1 Stück Kürbis (750 g;
der Kürbis gibt beim Kochen
sehr viel Flüssigkeit ab)
1 mehligkochende Kartoffel
10 g Butter
2–3 Tropfen Zitronensaft*

1. Den Kürbis und die Kartoffel waschen, schälen und in Würfel schneiden.
2. Beides in einen Topf geben, mit Wasser bedecken, aufkochen, 15 Minuten kochen lassen und danach abgießen.
3. Das Gemüse mit der Butter und dem Zitronensaft zu einem glatten Püree verarbeiten.

Meine Empfehlung

Das Püree schmeckt noch besser, wenn man es mit Vanille oder Kreuzkümmel verfeinert. Die Vanilleschote aufschlitzen, das Mark mit einem Messer herauskratzen und unter das Püree rühren. Oder vor dem Pürieren eine Prise gemahlenen Kreuzkümmel hinzufügen.

Kürbis hat mitunter einen etwas „erdigen" Geschmack. Der Zitronensaft verleiht dem Püree eine leicht säuerliche Note und unterstreicht den natürlichen Geschmack des Kürbisses.

DIE ERSTEN GEMÜSEPÜREES

Mais-Kartoffel-Püree

Ergibt 5 Portionen
à 100 Gramm

2 Kartoffeln
1 Dose (400 g) Maiskörner oder
tiefgekühlter Mais
10 g Butter

1. Die Kartoffeln waschen, schälen und in Würfel schneiden.
2. Die Würfel in einen Topf geben, mit Wasser bedecken, aufkochen und zugedeckt 10 Minuten kochen lassen. Den Mais hinzufügen, das Ganze weitere 5 Minuten kochen lassen und danach abgießen.
3. Mais und Kartoffeln mit der Butter zu einem glatten Püree verarbeiten.

Meine Empfehlung

Zur Abwechslung kann man die Kartoffeln durch Karotten ersetzen.
Wie bei Erbsen bekommt das Püree durch die Schale der Maiskörner eine etwas körnige Konsistenz. Wenn Ihr Kind das nicht mag, das Püree noch durch ein feines Sieb passieren.

Milo, 7 Monate, Testesser

Die ersten Mittagsgerichte
&
Desserts

ab dem vollendeten 6. Lebensmonat

DR. JEAN LALAU KERALY
FACHARZT
FÜR KINDERHEILKUNDE, KINDER-
ERNÄHRUNG
UND ENDOKRINOLOGIE

Die ersten Mittagsgerichte

Wenn Sie schon seit Ende des 4. Monats Beikost geben, hat sich das Kind gut an die neue Nahrung gewöhnt. Es isst jetzt mittags eine richtige Portion Gemüsepüree und nachmittags vielleicht schon Obstbrei und trinkt dabei weiterhin seine Milch – (Mutter- oder Säuglingsmilch) – als Hauptnahrung (nicht mehr als 750 Milliliter pro Tag). Es wird zunehmend selbstständiger und möchte – mehr oder weniger geschickt – selbst den Löffel benutzen. Abends genießt es seine Milch, die je nach Appetit noch mit Getreideflocken angereichert werden kann.

Die Einführung neuer Lebensmittel

In diesem Alter (6./7. Monat) kann das Kind einen weiteren Schritt auf dem Weg zum „richtigen Essen" machen, denn Sie können nun mit der Einführung von Fleisch, Fisch, Vollmilch(-produkten), Käse und glutenhaltigen Getreideprodukten beginnen und ihm aufwendigere, interessantere Speisen anbieten. Sehr zur Freude des Kindes, das dadurch einen neuen Status erlangt, und der Eltern, für die das Kochen dadurch einfacher wird, wird die Babynahrung der der restlichen Familie immer ähnlicher.

Ganz behutsam ...

Auch wenn ab dem 6./7. Lebensmonat nun auch Fleisch auf dem Speiseplan Ihres kleinen Vielfraßes steht, sollten Sie sich davor hüten, einen großen Fleischesser aus ihm zu machen. In diesem Alter sind 20 Gramm tierisches Eiweiß pro Tag (das entspricht zwei Teelöffeln) für seinen Organismus mehr als ausreichend. Am Ende der Einführungsphase können Sie die Menge auf drei Teelöffel erhöhen, wenn das Kind wirklich gerne Fleisch isst. Sie bereiten Ihrem kleinen Gourmet nun also richtige Mittagsgerichte mit püriertem Fleisch oder Fisch zu. Mischen Sie das Fleisch oder den Fisch aber möglichst nicht mit den Beilagen, damit das Kind lernt, die verschiedenen Texturen, Farben und den Geschmack der einzelnen Lebensmittel zu unterscheiden. Zum Abschluss der Mahlzeit können Sie etwas Süßes anbieten – ein Fruchtpüree oder zerdrücktes Obst nach Belieben mit ein wenig (Sahne-)Quark vermischt, aber denken Sie daran, dass auch Milchprodukte tierisches Eiweiß enthalten.

Nehmen Sie Rücksicht auf den Appetit und die Vorlieben Ihres Kindes

Wenn das Kind nicht aufisst, zwingen Sie es nicht, den Teller leer zu essen. Wenn es eine zweite Portion Gemüse verlangt, geben Sie es ihm. Im Unterschied zu uns Erwachsenen, die wir schon mal aus reiner Lust eine zweite und dritte Portion verdrücken, hört Ihr Kind noch auf seinen Körper und respektiert sein Sättigungsgefühl. Hat es keinen Hunger mehr, wird es sein Dessert ablehnen (auch wenn wir uns das kaum vorstellen können). Wenn es das Maispüree, das Sie mit so viel Liebe zubereitet haben, nicht mag, nehmen Sie es nicht persönlich und bieten Sie es ihm später noch einmal an. Genau wie Sie hat Ihr Kind das Recht, bestimmte Speisen nicht zu mögen – auch wenn sich die geschmacklichen Vorlieben mit der Zeit verändern.

Ab dem 7. Lebensmonat

Ihr Baby kann jetzt sein erstes Ei probieren. Geben Sie ihm aber nur das (gut gekochte) Eigelb. Eiweiß kann Allergien auslösen und sollte deshalb frühestens ab dem 1. Jahr (neigt das Kind zu Allergien erst ab dem 3. Lebensjahr) gegeben werden. Anfangs sollte das Kind nur ein halbes und erst mit einem Jahr ein ganzes Eigelb bekommen.

Ab dem 8. Lebensmonat

Sie können Ihrem Baby jetzt eine Brotkruste geben, auf der es herumkauen kann, damit die Zähnchen besser durchkommen. Lassen Sie Ihr Kind dabei nicht aus den Augen, denn wenn es einen zu großen Bissen erwischt, kann es sich daran verschlucken. Wenn Sie fürchten, dass etwas passieren könnte, greifen Sie lieber zu Reiswaffeln (aus dem Bioladen oder Reformhaus). Die mag das Baby genauso gern und sie sind ungefährlicher, weil sich die Puffreiskörner einzeln ablösen, wenn es auf der Waffel herumkaut.

In diesem Kapitel …

… finden Sie die ersten richtigen Mittagsgerichte, und damit beginnt für Ihr Kind eine neue Phase bei der Entdeckung der Welt des Geschmacks. Sie werden nun verschiedene Geschmacksrichtungen miteinander kombinieren, und die Gerichte werden aufwendiger – und aufregender. Wenn Sie die Geschmacksknospen Ihres Kindes so anregen, wird es später vor allem die wirklich schmackhaften Speisen bevorzugen und zu schätzen wissen und nicht nur nach Reis, Nudeln und anderen Lebensmitteln mit wenig ausgeprägtem Geschmack verlangen.

DIE ERSTEN MITTAGSGERICHTE

Hähnchen mit Karotten und Aprikosen

Ergibt 5 Portionen à 200 Gramm

10 große Karotten (etwa 600 g)
10–12 frische oder tiefgekühlte Aprikosen (etwa 300 g)
1 Hähnchenbrustfilet (etwa 100 g)
1 TL Sonnenblumen- oder Rapsöl
2 TL fein gehackte Schalotte
200 ml Orangensaft

1. Die Karotten waschen, putzen und in Scheiben schneiden.
2. Die Aprikosen waschen und entsteinen.
3. Das Hähnchenbrustfilet klein schneiden.
4. Das Öl in einem Topf mit schwerem Boden erhitzen und die Schalotte 1–2 Minuten darin anschwitzen. Dann das Fleisch in den Topf geben.
5. Das Fleisch rundherum bräunen, die Karotten, die Aprikosen und den Orangensaft hinzufügen und so viel Wasser angießen, dass die Zutaten zur Hälfte mit Flüssigkeit bedeckt sind.
6. Alles zugedeckt 15–20 Minuten köcheln lassen. Am Ende der Kochzeit prüfen, ob die Karotten weich sind.
7. Die Mischung zu einem glatten Püree verarbeiten.

Beilagen
Servieren Sie dazu Pastinakenpüree (siehe Seite 45), Mairübenpüree (siehe Seite 70) oder Erbsenpüree (siehe Seite 41).

Meine Empfehlung

Anstelle von frischen Aprikosen können Sie auch zehn ungeschwefelte getrocknete Aprikosen und die doppelte Menge Orangensaft nehmen. Die getrockneten Früchte sind nicht nur das ganze Jahr über im Handel erhältlich, sondern sind überdies reich an Eisen und Vitamin B.

DIE ERSTEN MITTAGSGERICHTE

Hühnerfrikassee mit Estragon

Ergibt 5 Portionen
à 100 Gramm

2 Mairüben (etwa 100 g)
2 Zucchini (etwa 120 g)
100 g Brokkoliröschen
80 g grüne Bohnen
1 Hähnchenbrustfilet (etwa 100 g)
1 TL Sonnenblumen- oder Rapsöl
½ TL fein geschnittener Estragon

1. Das Gemüse waschen und, falls nötig, schälen.
2. Die Mairüben in Würfel, die Zucchini in Scheiben schneiden.
3. Das Hähnchenbrustfilet klein schneiden.
4. Das Öl in einem Topf mit schwerem Boden erhitzen und das Fleisch darin anbräunen. Das Gemüse und den Estragon hinzufügen und so viel Wasser angießen, dass die Zutaten zur Hälfte damit bedeckt sind; aufkochen und dann 10 Minuten zugedeckt bei mittlerer Hitze köcheln lassen.
5. Den Topf vom Herd nehmen, die Flüssigkeit abgießen (einige Löffel davon auffangen) und die Mischung zu einem glatten Püree verarbeiten.
6. Ist das Püree zu fest, mit etwas Kochflüssigkeit verdünnen.

Beilagen
Dazu passt ein Süßkartoffelpüree (siehe Seite 44) oder Karottenpüree mit Koriander (siehe Seite 69).

Meine Empfehlung

Die ganze Familie soll in den Genuss dieses leckeren Frikassees kommen? Dann verwandeln Sie es doch in „Hähnchenrouladen mit Estragon und Parmaschinken". Rechnen Sie pro Person etwa 150 Gramm Hähnchenbrustfilet. Die Filets in der Mitte einschneiden und aufklappen, aber nicht halbieren. Das Gemüse mit Estragon wie oben beschrieben kochen, abtropfen lassen und zu einem relativ dicken Püree verarbeiten, das Püree eventuell mit ¼ Gemüsebrühwürfel würzen. Die Hähnchenbrüste jeweils auf eine Scheibe Parmaschinken legen, ein bis zwei Esslöffel Gemüsepüree darauf verteilen, das Fleisch aufrollen und mit Zahnstochern feststecken. Die Röllchen in eine ofenfeste Form legen und 10—12 Minuten im 200 °C heißen Backofen garen. Vor dem Servieren die Zahnstocher entfernen und die Röllchen halbieren. Mit einer großen Schüssel grünem Salat und mit Ziegenfrischkäse bestrichenem Brot servieren.

DIE ERSTEN MITTAGSGERICHTE

Pute mit Mais und weißen Zwiebeln

Ergibt 5 Portionen
à 100 Gramm

100 g Putenbrustfilet
2 TL Sonnenblumen- oder Rapsöl
2 EL fein gehackte weiße Zwiebel
1 Dose (400 g) Maiskörner oder tiefgekühlter Mais

1. Das Putenfleisch klein schneiden.
2. Das Öl in einem Topf mit schwerem Boden erhitzen und die Zwiebel 1 Minute darin anschwitzen. Das Fleisch dazugeben und unter Rühren rundherum braun anbraten. Den Mais gut unterrühren und so viel Wasser angießen, dass die Zutaten zur Hälfte damit bedeckt sind.
3. Alles zugedeckt 15 Minuten bei schwacher Hitze garen.
4. Die Mischung zu einem glatten Püree verarbeiten.
5. Ist das Püree nicht glatt genug, einige Löffel Wasser hinzufügen und nochmals pürieren.

Beilagen
Servieren Sie dieses Gericht mit einem Kürbis-Apfel-Püree (siehe Seite 68) oder einem Süßkartoffelpüree (siehe Seite 44).

Meine Empfehlung

Verwandeln Sie das Rezept doch einmal in einen Risotto für die ganze Familie. Dazu 200 Gramm Arborioreis (italienischer Rundkornreis) mit der Zwiebel und dem Öl anschwitzen. 400 Milliliter Wasser angießen, ½ Hühnerbrühwürfel und den Mais dazugeben und den Reis unter gelegentlichem Rühren kochen lassen, bis er weich ist und die Flüssigkeit vollständig aufgesogen hat.
Das klein geschnittene Putenfleisch (70 Gramm pro Person) mit zwei Teelöffeln Öl und zwei Teelöffeln Zitronensaft in einer Pfanne goldbraun braten. Unter den Risotto 50 Gramm geriebenen Parmesan, ein Stückchen Butter (zehn Gramm) und fünf fein geschnittene Salbeiblätter heben. Unmittelbar vor dem Servieren das Fleisch unter den Reis mischen.

Pute mit Kastanien und Äpfeln

Ergibt 5 Portionen
à 100 Gramm

4 Äpfel (etwa 250 g)
1 Putenschnitzel (etwa 100 g)
2 TL fein gehackte Schalotte
1 TL Sonnenblumen- oder Rapsöl
1 Prise gemahlener Zimt
½ TL geriebener Ingwer
½ TL gemahlene Gewürznelken
200 g Esskastanien, vorgegart

1. Die Äpfel waschen, schälen, die Kerngehäuse entfernen und das Fruchtfleisch klein schneiden.
2. Das Putenschnitzel klein schneiden und mit der Schalotte in dem Öl in einem Topf braun anbraten.
3. Die Gewürze hinzufügen, umrühren und danach die Äpfel und die Esskastanien dazugeben. So viel Wasser angießen, dass die Zutaten zur Hälfte damit bedeckt sind, aufkochen und dann zugedeckt 15 Minuten köcheln lassen.
4. Den Topf vom Herd nehmen und die Mischung pürieren.

Beilagen
Dazu passt ein Süßkartoffelpüree (siehe Seite 44) oder ein Karottenpüree mit Kreuzkümmel (siehe Seite 69).

Meine Empfehlung
Sie möchten das Rezept für die ganze Familie zubereiten? Nichts leichter als das! Rechnen Sie pro Person jeweils ein Putenschnitzel à etwa 150 Gramm: die Schnitzel in eine Auflaufform legen, mit Honig, etwas Orangensaft und etwas Sojasauce bepinseln und anschließend 12–15 Minuten im 200 °C heißen Backofen garen. Die Kastanien und die Äpfel kurz bei mittlerer Hitze in einer Pfanne anbraten und karamellisieren lassen.

DIE ERSTEN MITTAGSGERICHTE

Kalbsschnitzel mit Orange

Ergibt 5 Portionen
à 100 Gramm

4 Karotten (etwa 150 g)
1 Knolle Gemüsefenchel (etwa 250 g)
1 Kalbsschnitzel (etwa 100 g)
1 TL Sonnenblumen- oder Rapsöl
1 TL fein gehackte Schalotte
300 ml Orangensaft

1. Die Karotten waschen, putzen und in Scheiben schneiden. Den Fenchel waschen, die Stiele und den Strunk entfernen und die Knolle in schmale Streifen schneiden. Das Fleisch würfeln.
2. Das Öl in einem Topf mit schwerem Boden erhitzen und die gehackte Schalotte mit dem Fleisch darin anbräunen. Das Gemüse und den Orangensaft hinzufügen und das Ganze 12 Minuten bei mittlerer Hitze ohne Deckel kochen lassen. Darauf achten, dass der Saft nicht vollständig einkocht. Wenn die Flüssigkeit zu schnell verdampft, die Wärmezufuhr verringern oder den Topf zudecken.
3. Die Mischung zu einem glatten Püree verarbeiten.

Beilagen
Servieren Sie das Gericht mit einem Süßkartoffelpüree (siehe Seite 44) oder einem Erbsenpüree (siehe Seite 41).

Meine Empfehlung

Für größere Kinder brate ich das Kalbsschnitzel auf jeder Seite 3 Minuten, würze es mit einer winzigen Prise Salz und einigen Tropfen Zitronensaft und serviere es mit einem Püree aus Karotten, Fenchel und Orangensaft. Dazu das Gemüse im Orangensaft kochen und anschließend pürieren.

DIE ERSTEN MITTAGSGERICHTE

Geschmortes Kalbfleisch mit Wurzelgemüse

Ergibt 5 Portionen
à 100 Gramm

2 kleine Steckrüben (etwa 200 g)
1 Pastinake (etwa 100 g;
siehe Seite 186)
1 Stück Knollensellerie (etwa 50 g)
½ Knolle Gemüsefenchel
(etwa 50 g)
1 Kalbsschnitzel (etwa 100 g)
1 TL Sonnenblumen- oder Rapsöl
2 TL fein gehackte Schalotte

1. Steckrüben, Pastinake und Sellerie waschen und schälen. Den Fenchel waschen und von den Stielen und dem Strunk befreien.
2. Sämtliches Gemüse und das Fleisch klein schneiden.
3. Das Öl in einem Topf erhitzen und die Schalotte mit dem Fleisch rundherum darin anbräunen. Das Gemüse dazugeben, so viel Wasser angießen, dass die Zutaten zur Hälfte damit bedeckt sind und alles zugedeckt 20 Minuten bei mittlerer Hitze köcheln lassen. Am Ende der Kochzeit sollten noch etwa drei Esslöffel Flüssigkeit im Topf sein.
4. Die Mischung zu einem glatten Püree verarbeiten.

Beilagen
Dazu passt ein Bohnenpüree (siehe Seite 42), ein Brokkolipüree (siehe Seite 40) oder ein Erbsenpüree (siehe Seite 41).

Meine Empfehlung
Für größere Kinder brate ich die Fleischwürfel mit der gehackten Schalotte an, mische sie aber nicht mit dem Gemüse, das ich wie oben beschrieben koche und püriere. Dazu serviere ich ganze grüne Bohnen, Brokkoli oder Erbsen.

DIE ERSTEN MITTAGSGERICHTE

Lammragout mit grünem Gemüse

Ergibt 5 Portionen
à 100 Gramm

2 Mairüben (etwa 100 g)
1 Stück Knollensellerie (etwa 30 g)
1 Zucchini (etwa 60 g)
75 g Erbsen
75 g grüne Bohnen
50 g Brokkoliröschen
1 TL Sonnenblumen- oder Rapsöl
100 g Lammfleisch aus der Schulter oder Keule, klein geschnitten

1. Sämtliches Gemüse waschen. Die Mairüben und den Sellerie schälen und das gesamte Gemüse klein schneiden.
2. Das Öl in einem Topf mit schwerem Boden erhitzen und das Fleisch darin anbräunen. Die Rüben und den Sellerie dazugeben, so viel Wasser angießen, dass die Zutaten zur Hälfte damit bedeckt sind; zugedeckt 15 Minuten köcheln lassen. Das restliche Gemüse hinzufügen und alles weitere 10 Minuten garen. Am Ende der Kochzeit sollten noch etwa drei Esslöffel Flüssigkeit im Topf sein.
3. Die Mischung zu einem glatten Püree verarbeiten.

Beilagen
Servieren Sie dazu ein Blumenkohlpüree (siehe Seite 46) oder ein Karottenpüree mit Koriander (siehe Seite 69).

Meine Empfehlung

Für eine vierköpfige Familie die Zutatenmengen verdoppeln und pro Person 100 Gramm Lammfleisch rechnen. Zusammen mit den Rüben und dem Sellerie noch einen Hühnerbrühwürfel, eine zerdrückte Knoblauchzehe und einen Teelöffel Thymian hinzufügen. Das Ragout vor dem Servieren mit einer Prise Salz und frisch gemahlenem schwarzem Pfeffer abschmecken.

DIE ERSTEN MITTAGSGERICHTE

Rindfleischragout auf italienische Art

Ergibt 5 Portionen
à 100 Gramm

2 Karotten (etwa 70 g)
6 große Tomaten (etwa 200 g)
2 Zucchini (etwa 120 g)
1 Stange Sellerie (etwa 20 g)
100 g Rindfleisch zum Kochen
(Schulter, Hals …)
½ Knoblauchzehe
1 TL Oliven- oder Rapsöl
2 EL Tomatenmark
½ TL Thymianblättchen

1. Das Gemüse waschen und die Karotten putzen. Das Gemüse in Würfel und das Fleisch in kleine Stücke schneiden. Den Knoblauch hacken.
2. Das Öl in einem Topf mit schwerem Boden erhitzen und den Knoblauch mit dem Fleisch darin anbräunen. Das Gemüse, Tomatenmark und Thymian hinzufügen, 100 Milliliter Wasser angießen und das Ganze zugedeckt 25 Minuten köcheln lassen.
3. Die Mischung zu einem glatten Püree verarbeiten.

Beilagen
Dazu passt eine Polenta mit Parmesan (siehe Seite 71), ein Pastinakenpüree (siehe Seite 45) oder ein Avocadopüree (siehe Seite 43).

Meine Empfehlung
Das Ragout schmeckt auch vorzüglich mit Nudeln. Servieren Sie dann zusätzlich noch grünes Gemüse, zum Beispiel grüne Bohnen, dazu.

DIE ERSTEN MITTAGSGERICHTE

Süßkartoffel-Kabeljau-Flan

Ergibt 5 Portionen
à 100 Gramm

1 große Süßkartoffel (etwa 300 g)
1 große Kartoffel (etwa 100 g)
1 Kabeljaufilet (etwa 150 g)
10 g Butter
1 Salbeiblatt, ganz fein geschnitten

1. Die Süßkartoffel und die Kartoffel waschen, schälen und klein schneiden. In einen Topf geben, mit Wasser bedecken, aufkochen lassen und zugedeckt 15 Minuten kochen.
2. Das Fischfilet 5 Minuten in einem Topf – oder, wenn es schneller gehen soll, in der Mikrowelle – pochieren.
3. Die Kartoffeln abgießen, die Butter hinzufügen und das Ganze mit einer Gabel zu einem glatten Püree zerdrücken.
4. Den Fisch fein hacken und mit dem Salbei unter das Kartoffelpüree mischen. Mithilfe eines Dessertrings oder einer kleinen Form einen kleinen Flan formen und in der Mitte des Tellers anrichten.

Beilagen
Servieren Sie das Gericht mit einem Erbsenpüree (siehe Seite 41), einem Brokkolipüree (siehe Seite 40) oder einem Bohnenpüree (siehe Seite 42).

Meine Empfehlung

Sie möchten das Rezept für die ganze Familie zubereiten? Dann rechnen Sie pro Person 150–200 Gramm Kabeljaufilet. Die Filets in eine Auflaufform legen, mit Olivenöl und einigen Tropfen Zitronensaft beträufeln und mit einer Prise Fleur de Sel bestreuen. Das Kartoffelpüree darauf verteilen und das Ganze 15 Minuten im 200 °C heißen Backofen garen.

DIE ERSTEN MITTAGSGERICHTE

Lachs mit Spinat

Ergibt 5 Portionen
à 100 Gramm

*1 Lachsfilet (etwa 100 g)
1 TL Zitronensaft
500 g tiefgekühlter Bioblattspinat
2 EL Crème fraîche*

1. Den Lachs sorgfältig entgräten und in kleine Würfel schneiden.
2. Die Fischwürfel auf einem Teller verteilen, mit dem Zitronensaft beträufeln und ziehen lassen.
3. Den Spinat mit etwas Wasser in einen Topf geben. Aufkochen und 10 Minuten kochen lassen. Die Lachswürfel hinzufügen und das Ganze weitere 5 Minuten kochen lassen.
4. Abgießen, abtropfen lassen und zurück in den Topf geben. Den Topf erneut auf den Herd stellen, die Crème fraîche unterrühren und alles kurz erhitzen.
5. Die Mischung zu einem glatten Püree verarbeiten.

Beilagen
Dazu passt ein Kartoffelpüree oder ein Mairübenpüree (siehe Seite 70).

Meine Empfehlung
Für dieses Gericht eignet sich auch hervorragend weißfleischiger Fisch wie Kabeljau oder Seezunge. Den Zitronensaft in diesem Fall weglassen, weil er den feinen Fischgeschmack überdecken würde.

DIE ERSTEN MITTAGSGERICHTE

Seezunge mit Zucchini und Dicken Bohnen

Ergibt 5 Portionen
à 100 Gramm

1–2 Seezungenfilets (etwa 100 g)
3 Zucchini (etwa 250 g)
1 TL Oliven- oder Rapsöl
2 TL fein gehackte Schalotte
½ Knoblauchzehe, zerdrückt
150 g Dicke Bohnen,
enthülst und geschält (frisch
oder tiefgekühlt)

1. Die Fischfilets sorgfältig von eventuellen Gräten befreien.
2. Die Zucchini waschen und in Scheiben schneiden.
3. Das Öl in einem Topf mit schwerem Boden erhitzen und die Schalotte mit dem Knoblauch darin goldgelb anbräunen. Die Zucchini und die Bohnen hinzufügen, so viel Wasser angießen, dass die Zutaten zur Hälfte damit bedeckt sind, und das Ganze etwa 8 Minuten kochen lassen.
4. Die Seezungenfilets auf das Gemüse legen und alles zugedeckt weitere 2–3 Minuten garen. Am Ende der Kochzeit sollten noch zwei bis drei Esslöffel Flüssigkeit im Topf sein.
5. Die Mischung zu einem glatten Püree verarbeiten.

Beilagen
Servieren Sie dieses Gericht mit einem Süßkartoffelpüree (siehe Seite 44), einem Karottenpüree mit Kreuzkümmel (siehe Seite 69) oder einem Kürbis-Apfel-Püree (siehe Seite 68).

Meine Empfehlung
Die Dicken Bohnen können auch durch Erbsen ersetzt werden. Das Rezept lässt sich für die ganze Familie zubereiten, indem man den Fisch mit Süßkartoffelpüree überbäckt. Dazu Zucchini, Bohnen, Knoblauch und Schalotte in einer Auflaufform verteilen, mit etwas Zitronensaft beträufeln und mit etwas Basilikum bestreuen. Die Fischfilets (150–200 Gramm pro Person) darauflegen, mit dem Süßkartoffelpüree (siehe Seite 44) bedecken und 20 Minuten im 200 °C heißen Backofen garen.

Dorade mit Fenchel und Trauben

Ergibt 5 Portionen à 100 Gramm

1 Knolle Gemüsefenchel (etwa 150 g)
100 g kernlose weiße Trauben oder 50 g Sultaninen
1–2 Karotten (etwa 50 g)
1 Pastinake oder 2 Kartoffeln (etwa 100 g)
1 Doradenfilet (etwa 100 g)
1 TL Sonnenblumen- oder Rapsöl
200 ml Orangensaft

1. Den Fenchel waschen, von den Stielen und dem Strunk befreien und in schmale Streifen schneiden. Die Trauben halbieren. Die Karotten und die Pastinake oder die Kartoffeln waschen, schälen und in Würfel schneiden.
2. Das Fischfilet sorgfältig von eventuellen Gräten befreien.
3. Das Öl in einem Topf mit schwerem Boden erhitzen und den Fenchel darin anbräunen. Trauben, Karotten, Pastinake (siehe Seite 186) oder Kartoffeln dazugeben, den Orangensaft angießen und alles zugedeckt 15 Minuten köcheln lassen.
4. Den Fisch auf das Gemüse legen, den Deckel wieder auflegen und alles weitere 5–6 Minuten garen. Am Ende der Kochzeit sollten noch etwa drei Esslöffel Flüssigkeit im Topf sein.
5. Die Mischung zu einem glatten Püree verarbeiten.

Beilagen
Dazu passt Karottenpüree mit Koriander (siehe Seite 69) oder Süßkartoffelpüree (siehe Seite 44).

Meine Empfehlung

Für die Erwachsenen ganze Doraden mit Fenchel und Zitronenscheiben füllen, 25 Minuten im 180 °C heißen Backofen grillen und mit einem Reis mit Fenchel und Rosinen servieren. Dazu eine in Streifen geschnittene Knolle Gemüsefenchel und 100 Gramm Sultaninen in etwas Sonnenblumenöl anschwitzen. 100 Gramm Reis hinzufügen und braten, bis die Körner glasig werden. 300 Milliliter Wasser angießen, mit einer Prise Salz würzen und köcheln lassen, bis der Reis die Flüssigkeit aufgesogen hat.

DIE ERSTEN MITTAGSGERICHTE

Thunfisch auf Nizzaer Art

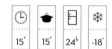

Ergibt 5 Portionen
à 100 Gramm

2 Zucchini (etwa 120 g)
6 große Tomaten (etwa 200 g)
4 Auberginenscheiben (etwa 50 g)
1 fangfrisches oder tiefgekühltes
Thunfischsteak (etwa 100 g;
siehe Seite 187)
½ Knoblauchzehe
2 TL Oliven- oder Rapsöl
1 EL Tomatenmark
1 Prise Thymianblättchen

1. Das Gemüse waschen und in Würfel schneiden.
2. Den Thunfisch ebenfalls würfeln. Den Knoblauch hacken.
3. Das Öl in einem Topf mit schwerem Boden erhitzen und den Knoblauch mit dem Thunfisch darin anbräunen. Gemüse, Tomatenmark und Thymian dazugeben, 100 Milliliter Wasser angießen und aufkochen lassen. Die Hitze reduzieren und alles zugedeckt 15 Minuten bei schwacher Hitze köcheln lassen.
4. Die Mischung zu einem glatten Püree verarbeiten.

Beilagen
Dazu passt Couscous mit Thymian oder eine Polenta mit Parmesan (siehe Seite 71).

Meine Empfehlung
Wenn Sie den Eindruck haben, dass das Gericht durch die Aubergine etwas bitter geworden ist, einfach einen Esslöffel Ketchup unterrühren. Der Zucker im Ketchup neutralisiert den bitteren Geschmack. Wenn Sie das Gericht für die ganze Familie zubereiten wollen, die Thunfischsteaks (pro Person ein Steak à 150 Gramm) auf jeder Seite etwa 4 Minuten braten oder grillen (sie sollten in der Mitte noch rosa sein). Das Gemüse wie oben beschrieben zubereiten und noch rote Paprikawürfel und eine Prise Salz hinzufügen. Das Ratatouille auf den Steaks anrichten und eine der oben genannten Beilagen dazu reichen.

DIE ERSTEN MITTAGSGERICHTE

Kürbis-Apfel-Püree

Ergibt 5 Portionen à 100 Gramm

10' 15'
24ʰ -18°

500 g Kürbis
2 süßsäuerliche Äpfel (vorzugsweise Elstar, Renette)
1 mehligkochende Kartoffel
10 g Butter
2 Spritzer Zitronensaft

1. Den Kürbis, die Äpfel und die Kartoffel waschen, schälen und in Würfel schneiden.
2. In einen Topf geben, mit Wasser bedecken, aufkochen lassen, 15 Minuten kochen und danach abgießen.
3. Die Mischung mit der Butter und dem Zitronensaft zu einem glatten Püree verarbeiten.

DIE ERSTEN MITTAGSGERICHTE

Kürbispüree mit Kreuzkümmel

Ergibt 5 Portionen à 100 Gramm

10' 15'
24ʰ -18°

1 Stück (750 g) Kürbis
1 mehligkochende Kartoffel
10 g Butter
2–3 Spritzer Zitronensaft
1 Prise gemahlener Kreuzkümmel

1. Den Kürbis und die Kartoffel waschen, schälen und in Würfel schneiden.
2. In einen Topf geben, mit Wasser bedecken, aufkochen lassen, 15 Minuten zugedeckt kochen und danach abgießen.
3. Die Mischung mit Butter, Zitronensaft und Kreuzkümmel zu einem glatten Püree verarbeiten.

DIE ERSTEN MITTAGSGERICHTE

Karottenpüree mit Kreuzkümmel

Ergibt 5 Portionen à 100 Gramm

10' 15'
24ʰ -18°

8 große Karotten (etwa 500 g)
1 TL Sonnenblumen- oder Rapsöl
½ EL Honig oder Rohrohrzucker
1 TL Zitronensaft
1 winzige Prise gemahlener Kreuzkümmel

1. Die Karotten putzen und in Scheiben schneiden.
2. Das Öl in einem Topf mit schwerem Boden erhitzen und die Karotten darin 5 Minuten bei mittlerer Hitze anbraten. Honig, Zitronensaft und Kreuzkümmel hinzufügen, 100 Milliliter Wasser angießen und die Karotten 10 Minuten zugedeckt kochen lassen; sie sollten danach sehr weich sein und die Flüssigkeit aufgenommen haben.
3. Die Karotten zu einem glatten Püree verarbeiten.

DIE ERSTEN MITTAGSGERICHTE

Karottenpüree mit Koriander

Ergibt 5 Portionen à 100 Gramm

10' 15'
24ʰ -18°

8 große Karotten (etwa 500 g)
1 TL Sonnenblumen- oder Rapsöl
2 Blätter Koriandergrün

1. Die Karotten waschen, putzen und in Scheiben schneiden.
2. In einen Topf geben, mit Wasser bedecken und zugedeckt 15 Minuten kochen.
3. Abgießen und mit dem Öl und den Korianderblättern pürieren.

DIE ERSTEN MITTAGSGERICHTE

Mairübenpüree

Ergibt 5 Portionen à 100 Gramm

10 Mairüben (etwa 500 g)
10 g Butter

1. Die Rüben schälen und klein schneiden.
2. In einen Topf geben, mit Wasser bedecken und zugedeckt 15 Minuten kochen.
3. Das Gemüse abgießen und mit der Butter pürieren.

DIE ERSTEN MITTAGSGERICHTE

Kartoffelpüree

Ergibt 5 Portionen à 100 Gramm

5 große Kartoffeln (etwa 400 g)
100 ml warme Milch
10 g Butter

1. Die Kartoffeln schälen und klein schneiden.
2. In einen Topf geben, mit Wasser bedecken und zugedeckt 15 Minuten kochen.
3. Abgießen und mit der Milch und der Butter zerdrücken.

Meine Empfehlung

Kartoffeln niemals im Mixer pürieren. Aufgrund ihres hohen Stärkegehalts wird sonst eine zähe und klebrige Masse daraus.

DIE ERSTEN MITTAGSGERICHTE

Polenta mit Parmesan

Ergibt 1 Portion à 100 Gramm

50 g Maisgrieß (Polenta)
2 EL frisch geriebener Parmesan

1. 100 Milliliter Wasser aufkochen.
2. Die Hitze reduzieren, den Grieß unter Rühren einrieseln lassen und den Parmesan dazugeben.
3. So lange weiterrühren, bis eine schöne homogene und sämige Polenta entstanden ist; falls nötig, noch etwas zusätzliches Wasser dazugeben.
4. Vor dem Servieren etwas abkühlen lassen.

DIE ERSTEN MITTAGSGERICHTE

Couscous mit Thymian

Ergibt 1 Portion à 100 Gramm

1 Messerspitze Thymianblättchen
50 g feiner Couscous

1. 50 Milliliter Wasser mit dem Thymian aufkochen.
2. Den Topf vom Herd nehmen, den Couscous unter Rühren einstreuen und zugedeckt 5 Minuten quellen lassen; eventuell noch etwas Wasser dazugeben.
3. Den Couscous vor dem Servieren mit einer Gabel auflockern.

Milchprodukte

Je nachdem, was Ihr Kühlschrank gerade hergibt – Frischkäse (aus Kuh- oder Ziegenmilch), Quark, Joghurt – oder worauf Ihr Baby gerade Lust hat, können Sie daraus mit den Coulis auf den folgenden Seiten die herrlichsten Desserts für Ihr kleines Leckermäulchen zubereiten. Aber denken Sie daran, dass auch in Milchprodukten tierisches Eiweiß ist und dass der kleine Organismus nicht zu viel davon bekommen sollte. Doch die Desserts sind so köstlich, die schmecken auch den Größeren oder bereiten Sie doch mal eine Portion für sich selbst zu!

Naturjoghurt

Joghurt wird aus pasteurisierter, fermentierter Milch (Kuh-, Ziegen-, Schafsmilch) hergestellt. Naturjoghurt mit 3,5 % Fett ist kein Dickmacher und liefert viel Eiweiß, Calcium, Phosphor und Vitamin B_2 (Wachstum, Knochen, Augen). Alles in allem kann man Joghurt als natürliches, gesundes Produkt für die ganze Familie bezeichnen, das ausgesprochen bekömmlich ist und die Verdauung fördert.

Quark

Speisequark wird aus pasteurisierter, dickgelegter Kuhmilch hergestellt und ist sehr gut bekömmlich. Es gibt ihn in den unterschiedlichsten Fettgehaltsstufen. Besonders Sahnequark erfreut sich wegen seiner cremigen Konsistenz und seines süßlichen Geschmacks bei Kindern großer Beliebtheit und ist für den Säugling besser geeignet als der proteinreiche Magerquark, da das Eiweiß, das Magerquark reichlich enthält, unnötig seine Leber und die Nieren belastet. Generell steckt in Frischkäse – zu dem auch Quark zählt – viel Calcium, Vitamin A und auch Vitamin B_2.

Ziegenfrischkäse

Ziegenfrischkäse ist nichts anderes als geronnene Ziegenmilch. Da Ziegenmilch weniger Laktose enthält als Kuhmilch, ist Ziegenfrischkäse sehr bekömmlich und deshalb ideal für das empfindliche Verdauungssystem von Säuglingen. Mit seinem besonderen Geschmack passt er hervorragend zu Früchten.

Kirschcoulis

Ergibt 5 Portionen
à 100 Gramm

600 g Süßkirschen

1. Die Kirschen waschen und entsteinen.
2. Die Früchte in einen Topf geben und mit den Händen oder einer Gabel leicht zerdrücken, damit sie etwas Saft abgeben. Die Kirschen 20 Minuten bei ganz schwacher Hitze garen. Wenn die Früchte nicht saftig genug sind, ein wenig Wasser hinzufügen.
3. Die Kirschen zu einer glatten Coulis verarbeiten.

Meine Empfehlung

Mama und Papa genießen diese Coulis mit Panna cotta als Dessert oder mit einem Stück reifen Comté als Abschluss der Mahlzeit.

Heidelbeercoulis

Ergibt 5 Portionen
à 100 Gramm

500 g Heidelbeeren (frisch oder tiefgekühlt)

1. Die Heidelbeeren waschen.
2. Die Früchte in einen Topf geben und mit einer Gabel leicht zerdrücken, damit sie etwas Saft abgeben. Die Beeren 10 Minuten bei ganz schwacher Hitze garen. Wenn die Früchte nicht saftig genug sind, ein wenig Wasser hinzufügen.
3. Die Heidelbeeren zu einer glatten Coulis verarbeiten.

Meine Empfehlung

Heidelbeerflecken lassen sich nur sehr schwer entfernen. Das kleine Lätzchen wird nicht ausreichen, um zu vermeiden, dass Ihr Kind den hübschen Pullover von Oma ein für alle Mal ruiniert. Das ist aber noch lange kein Grund, ihm die köstlichen Beeren vorzuenthalten. Ziehen Sie ihm zusätzlich einfach noch eine Schürze mit langen Ärmeln über. In Schweden isst man Heidelbeercoulis übrigens gerne zu heißen Crêpes.

Himbeercoulis

Ergibt 5 Portionen
à 100 Gramm

*500 g Himbeeren (frisch oder
tiefgekühlt)
Rohrohrzucker (nach
Belieben)*

1. Die Himbeeren kurz unter fließendem Wasser waschen und auf eventuellen Wurmbefall überprüfen.
2. Die Früchte in einen Topf geben und leicht mit einer Gabel zerdrücken, damit sie Saft abgeben. Falls nötig etwas Zucker und bei frischen Früchten zwei Esslöffel Wasser dazugeben und die Himbeeren 15 Minuten bei ganz schwacher Hitze kochen. Wenn zu wenig Flüssigkeit im Topf ist, noch etwas Wasser hinzufügen.
3. Die Beeren zu einer glatten Coulis verarbeiten.

Meine Empfehlung

Himbeeren haben einen leicht säuerlichen Geschmack. Deshalb füge ich etwas Zucker hinzu. Für größere Kinder kann der Zucker am Ende der Kochzeit dazugegeben werden, sodass die Kristalle nicht schmelzen und die Coulis leicht knusprig wird.

Erdbeercoulis mit Minze

Ergibt 5 Portionen
à 100 Gramm

*500 g Erdbeeren
2 Blätter frische Minze*

1. Die Erdbeeren gründlich waschen und entstielen.
2. Die Früchte in einen Topf geben und leicht mit einer Gabel zerdrücken, damit sie etwas Saft abgeben. Drei Esslöffel Wasser hinzufügen und die Erdbeeren 15 Minuten bei ganz schwacher Hitze kochen.
3. Die Minzeblätter dazugeben und alles weitere 5 Minuten kochen. Wenn zu wenig Flüssigkeit im Topf ist, noch etwas Wasser hinzufügen.
4. Die Beeren zu einer glatten Coulis verarbeiten.

Meine Empfehlung

Im Frühsommer, wenn die Erdbeeren besonders süß sind, serviere ich diese Coulis zu Vanilleeis. Ich bereite immer gleich größere Mengen zu und friere die Coulis ein, um sie im Winter dann zu Schokoladenkuchen zu servieren.

DIE ERSTEN DESSERTS

Nektarinencoulis

Ergibt 5 Portionen
à 100 Gramm

500 g Nektarinen (8–10 Früchte)

1. Die Nektarinen mit dem Sparschäler schälen, die Steine entfernen und das Fruchtfleisch klein schneiden.
2. Das Fruchtfleisch in einen Topf geben und leicht mit einer Gabel zerdrücken, damit es etwas Saft abgibt. 50 Milliliter Wasser hinzufügen und die Nektarinen 10 Minuten bei schwacher Hitze kochen. Wenn zu wenig Flüssigkeit im Topf ist, noch etwas Wasser hinzufügen.
3. Die Nektarinen zu einer glatten Coulis verarbeiten.

Meine Empfehlung

Ich bereite die Coulis nicht mit Pfirsichen (die sich im Übrigen ebenso gut dafür eignen), sondern mit Nektarinen zu, weil Letztere sich leichter schälen lassen. Verwenden Sie zum Schälen am besten einen Sparschäler. Bei schön reifen Früchten lässt sich die Haut auch manchmal ganz leicht abziehen.

Mangocoulis

Ergibt 5 Portionen
à 100 Gramm

*3 große Mangos
(500 g Fruchtfleisch)*

1. Die Mangos halbieren (dabei am Stein entlangschneiden). Die Hälften in Scheiben schneiden und schälen.
2. Das Fruchtfleisch in einen Topf geben und leicht mit einer Gabel zerdrücken, damit es etwas Saft abgibt. 50 Milliliter Wasser hinzufügen und die Mangos 10 Minuten bei schwacher Hitze kochen. Wenn zu wenig Flüssigkeit im Topf ist, noch etwas Wasser hinzufügen.
3. Die Mangos zu einer glatten Coulis verarbeiten.

Meine Empfehlung

Sie haben keine frischen Mangos bekommen oder sie sind Ihnen zu teuer? Dann nehmen Sie tiefgekühlte Früchte. Sie eignen sich hervorragend für diese Coulis.

DIE ERSTEN DESSERTS

Fruchtige Leckereien

Rohe, pürierte oder zerdrückte Früchte eignen sich ebenfalls hervorragend als Dessert oder kleine Zwischenmahlzeit. Sie sollten allerdings stets frisch zubereitet werden. Sie können die Früchte für die Größeren auch mit Milchprodukten mischen oder, wenn Ihr Kind schon ein bisschen kauen kann, mit einem weichen Kuchen servieren.

Ist Ihr Kind erst einmal auf den Geschmack gekommen und hat schon die ersten Zähne, schneiden Sie die Früchte einfach in mundgerechte Stücke, die es mit den Fingern essen kann.

Zuckermelone
Die Frucht in Scheiben schneiden, schälen, von den Kernen befreien und pürieren.

Pfirsich
Die Frucht halbieren, den Kern und die Haut entfernen und das Fruchtfleisch pürieren.

Mango
Die Frucht halbieren (dabei rechts und links am Stein entlangschneiden). Die Hälften schälen und in Scheiben schneiden. Eventuell noch am Kern haftendes Fruchtfleisch sorgfältig ablösen und das Fruchtfleisch pürieren.

Wassermelone
Die Melone in Scheiben schneiden, schälen, von den Kernen befreien und pürieren.

Clementine mit Zimt
Die Clementine schälen und in Spalten zerteilen. Das Fruchtfleisch aus den Häutchen lösen (die Häutchen dazu mit einem Messer der Länge nach aufschneiden) und die Kerne gegebenenfalls entfernen. Das Fruchtfleisch mit einer Gabel zerdrücken (nicht pürieren, sonst verwandelt es sich in Saft) und eine Messerspitze Zimt untermischen.

Orange mit Orangenblütenwasser
Die Orange schälen und in Spalten zerteilen. Das Fruchtfleisch aus den Häutchen lösen (die Häutchen dazu mit einem Messer der Länge nach aufschneiden) und die Kerne gegebenenfalls entfernen. Oder die Orange mitsamt der weißen Innenhaut schälen und die Fruchtfilets aus den Trennwänden herausschneiden. Das Fruchtfleisch mit einer Gabel zerdrücken (nicht pürieren, sonst verwandelt es sich in Saft) und mit einem Tropfen Orangenblütenwasser vermischen.

DIE ERSTEN DESSERTS

Milchshakes

Ergibt 2 Portionen
à 150 Milliliter

1 Becher Naturjoghurt (150 g)
100 ml Vollmilch mit …

Erdbeeren und Rohrohrzucker
6–8 Erdbeeren, gewaschen und entstielt
1 TL Rohrohrzucker

Mango und Banane
½ Mango, entsteint und geschält
½ Banane, geschält

Heidelbeeren und Himbeeren
2 EL Heidelbeeren, gründlich gewaschen
10 schöne Himbeeren

Pfirsich und Rohrohrzucker
1 Pfirsich, vom Kern befreit und geschält
1 TL Rohrohrzucker

1. Den Joghurt und die Milch mit den je nach Milchshake notwendigen Früchten und den übrigen Zutaten in eine Schüssel geben.
2. Alles zu einem glatten Milchshake pürieren.
3. Ist der Milchshake zu dick, noch etwas Milch hinzufügen.

Vera, 16 Monate, Leckermäulchen

Die ersten Abendmahlzeiten

frühestens ab dem vollendeten 9. Lebensmonat

DR. JEAN LALAU KERALY
FACHARZT
FÜR KINDERHEILKUNDE, KINDER-
ERNÄHRUNG
UND ENDOKRINOLOGIE

Die ersten Abendmahlzeiten

Ab dem vollendeten 9. Monat wird die Liste der erlaubten Lebensmittel nun deutlich länger, aber dennoch sollten Sie weiterhin viel Sorgfalt auf die Auswahl der Lebensmittel verwenden, und Ihr Kind sollte sein Essen ohne Zwang und in Ruhe einnehmen. Der Organismus ist noch empfindlich. Und das Sauerkraut von Tante Petra muss noch warten, bis Magen und Organismus des Kindes in der Lage sind, es richtig zu verdauen.

Die Milch hat als ausschließliches Abendessen ausgedient

Mit Beginn des 10. Lebensmonats tritt wieder eine wichtige Veränderung ein: die Einführung eines richtigen Abendessens. Ihr Kind bekommt nun eine Abendmahlzeit mit Gemüse und stärkehaltigen Lebensmitteln. Es ist noch nicht ratsam, ihm abends tierisches Eiweiß zu geben. Fisch, Eier und Fleisch sollte das Abendessen also nicht enthalten. Sie sind bereits Bestandteil des Mittagessens, und das ist ausreichend.

Für eine ruhige Nacht

Grundlage des Abendessens sind Lebensmittel, die die Kleinen gerne essen: Reis, Nudeln, Polenta. Stärkehaltige Lebensmittel haben den Vorteil, das Kind ausreichend zu sättigen, sodass es in der Nacht durchschläft und nicht aufwacht, weil es Hunger hat.

Kleine Stückchen

In diesem Alter ist auch Schluss mit der fein pürierten Nahrung, und das Baby bekommt die ersten festen Bissen. Zunächst werden die Pürees etwas gröber, und schließlich zerdrücken Sie die Speisen nur noch mit einer Gabel. Die Mahlzeiten Ihres Kindes werden den Ihren immer ähnlicher.

Wie die Großen

Jetzt, wo Ihr Kind richtig sitzen kann und mit Begeisterung auf einer Brotkruste kaut, sollte es auch mit der Familie am Tisch Platz nehmen. Denn wenn es an Ihren Abendmahlzeiten teilnimmt, lernt das Kind, die Mahlzeiten als einen Augenblick der Entspannung und der Gemeinsamkeit, einen Augenblick der Freude zu erleben, wo es sich mit der Familie austauschen und von den Speisen der Großen kosten kann – vorausgesetzt sie sind unbedenklich (Allergien oder Ähnliches).

Auf die richtige Atmosphäre kommt es an

Wird das Abendessen mal so schnell nebenbei eingenommen, während im Hintergrund der Fernseher läuft und die Familie herumrennt, wird sich das mit Sicherheit auf den Appetit Ihres Kindes und seine Einstellung zum Essen auswirken, denn Lust am Essen macht nicht nur das, was auf dem Teller ist, auch die Atmosphäre muss stimmen.

Kleine Tipps

Sind Sie regelmäßig oder gelegentlich zur Abendessenszeit Ihres Kindes nicht da, sollten Sie vermeiden, genau dann nach Hause zu kommen, wenn Ihr Kind gerade isst. Ihr Kind hat Sie den ganzen langen Tag vermisst. Deshalb wird sich seine Aufmerksamkeit unweigerlich auf Sie richten, und dann wird selbst das allerbeste Essen uninteressant. Lassen Sie es also in Ruhe sein Abendessen einnehmen und kommen Sie erst dann nach Hause, wenn es fertig ist. Sie haben noch genug Zeit, mit ihm zu schmusen und es zu verhätscheln – und können dabei das gute Gefühl haben, dass es „ordentlich" gegessen hat. Legen Sie das Kind niemals unmittelbar nach dem Abendessen schlafen. Gehen Sie etwa mit vollem Magen zu Bett? Schmusen Sie deshalb noch eine gute Stunde mit dem Kind und bereiten Sie es so langsam aufs Zubettgehen vor. Und vergessen Sie nicht, ihm seine Milch (mindestens 500 Milliliter Milch pro Tag) zu geben, die Kinder bis zum 2. Lebensjahr noch bekommen müssen.

DIE ERSTEN ABENDMAHLZEITEN

Kombinieren nach Lust und Laune

Um die Geschmackspalette Ihres Kindes zu erweitern, ist Vielfalt gefragt. Die Rezepte in diesem Kapitel sind deshalb ein wenig anders – manch einer würde sie vielleicht als ungewöhnlich bezeichnen –, als man sie sonst in einschlägigen Kochbüchern findet. So können Sie das Hauptgericht je nach Saison oder Lust und Laune wahlweise mit verschiedenen Beilagen kombinieren. Vorschläge dazu finden Sie jeweils im Anschluss an das Rezept. Ihr Kind wird begeistert sein, wenn es mal einen Löffel Kalbfleisch mit Orange, mal ein Löffelchen Pastinaken- oder Erbsenpüree probieren kann.

Risotto milanese

5'   20'   24ʰ   -18°

Ergibt 5 Portionen
à 150 Gramm

1 EL Olivenöl
2 TL fein gehackte Schalotte
*200 g Rundkornreis (vorzugs-
weise Arborio)*
100 g frisch geriebener Parmesan
1 EL Crème fraîche

1. Das Öl in einem Topf mit schwerem Boden erhitzen und die Schalotten darin anbräunen.
2. Den Reis hinzufügen und einige Minuten unter Rühren glasig schwitzen.
3. 250 Milliliter Wasser angießen, aufkochen und dann bei reduzierter Hitze 7 Minuten kochen lassen. Dabei häufig umrühren.
4. Erneut 250 Milliliter Wasser angießen und den Reis noch einmal etwa 10 Minuten garen, bis er weich ist.
5. Den Topf vom Herd nehmen und den Parmesan und die Crème fraîche unterrühren. Der Risotto sollte schön cremig sein. Ist er zu trocken, noch etwas heißes Wasser hinzufügen.

Meine Empfehlung

Der Risotto ist etwas für Groß und Klein. Wenn ich mit meinen Kindern zu Abend esse, würze ich ihn nur noch mit ¼ Gemüsebrühwürfel und einer kleinen Prise Salz und serviere dazu gebratene Hähnchenbrust.

DIE ERSTEN ABENDMAHLZEITEN

... mit Tomaten und Karotten

Ergibt 5 Portionen
à 100 Gramm

4 Karotten (etwa 250 g)
5–6 große Tomaten (etwa 250 g)
1 TL Olivenöl
½ Knoblauchzehe, fein gehackt
Einige Blätter Basilikum

1. Das Gemüse waschen. Die Karotten putzen und in dünne Scheiben schneiden, die Tomaten vierteln.
2. Das Öl in einem Topf mit schwerem Boden erhitzen und den Knoblauch darin kurz anbräunen. Das Gemüse dazugeben, die Hitze reduzieren und das Gemüse zugedeckt 10–12 Minuten garen. Die Zugabe von Wasser ist nicht erforderlich, denn die Tomaten geben ausreichend Flüssigkeit ab, wenn sie bei schwacher Hitze gegart werden. Das Basilikum hinzufügen und das Ganze noch einige Minuten kochen lassen.
3. Den Topf vom Herd nehmen und die Mischung je nach Vorliebe Ihres Kindes mehr oder weniger grob pürieren.
4. Mit einem Risotto milanese (siehe Seite 86) servieren.

Meine Empfehlung

Ich serviere den Risotto und das Gemüse zwar lieber getrennt, damit der jeweilige Eigengeschmack besser zur Geltung kommt, es schmeckt aber auch hervorragend, wenn man beides miteinander mischt. Richten Sie den Risotto doch in einer ausgehöhlten Fleischtomate an. Ihr Kind wird begeistert sein! Auf diese Weise hat meine Tochter Maya ihre Leidenschaft für frische Tomaten entdeckt. Denn Sie liebte es, „ihre Schüssel aufzuessen".

DIE ERSTEN ABENDMAHLZEITEN

… mit Kürbis und Salbei

Ergibt 5 Portionen
à 100 Gramm

500 g Hokkaidokürbis
1 TL Olivenöl
3–4 Blätter Salbei

1. Den Backofen auf 200 °C vorheizen. Den Kürbis schälen, die Kerne und das faserige Innere entfernen und das Fruchtfleisch in kleine Würfel schneiden.
2. Die Würfel auf einem mit Backpapier ausgelegten Backblech verteilen und mit dem Olivenöl beträufeln.
3. Die Kürbiswürfel auf der mittleren Schiene des heißen Backofens etwa 15 Minuten garen, bis er weich ist und braun zu werden beginnt.
4. Das gegarte Fruchtfleisch leicht mit der Gabel zerdrücken und mit dem ganz fein geschnittenen Salbei unter den Risotto milanese (siehe Seite 86) mischen.

Meine Empfehlung

Sie haben keinen Hokkaidokürbis bekommen? Dann nehmen Sie ersatzweise Karotten, denn Riesenkürbis enthält für dieses Rezept zu viel Wasser. Die Karotten klein würfeln und 15 Minuten in Wasser kochen. Als meine Tochter Maya größer war, aß sie diesen Risotto besonders gerne mit einer Karotten-Mais-Mischung und viel Salbei.

DIE ERSTEN ABENDMAHLZEITEN

Orangencouscous

Ergibt 1 Portion
(120 Gramm)

70 ml Orangensaft
50 g feiner Couscous

1. Den Orangensaft in einem Topf aufkochen.
2. Den Topf vom Herd nehmen, den Couscous unter Rühren einrieseln lassen und zugedeckt 5 Minuten quellen lassen.
3. Den Couscous vor dem Servieren mit einer Gabel auflockern.

Meine Empfehlung

Der Couscous ist Ihrem Kind zu trocken? Es hat Schwierigkeiten, ihn zu schlucken? Dann rühren Sie noch ein wenig Orangensaft und zwei große Esslöffel Karottenpüree (siehe Seite 38) darunter. So können Sie den Couscous auch einfrieren und gleich mehrere Portionen im Voraus zubereiten.

DIE ERSTEN ABENDMAHLZEITEN

… mit aromatischem Gemüse

10' 20' 24ʰ -18°

Ergibt 5 Portionen à 100 Gramm

2 kleine Zucchini (etwa 120 g)
4 Karotten (etwa 100 g)
6 große Tomaten (etwa 200 g)
4 Auberginenscheiben (etwa 50 g)
½ Knoblauchzehe
4 ungeschwefelte getrocknete Aprikosen
2 TL Olivenöl
1 kleine Prise gemahlener Ingwer
1 kleine Prise gemahlener Kreuzkümmel
1 kleine Messerspitze fein gehacktes Koriandergrün
1 EL Tomatenmark

1. Das Gemüse waschen und in Würfel schneiden. Den Knoblauch und die getrockneten Aprikosen fein hacken.
2. Das Öl in einem Topf mit schwerem Boden erhitzen und den Knoblauch darin anbräunen. Die Gewürze und die Aprikosen hinzufügen, umrühren und 1 Minute anbraten. Das Gemüse und das Tomatenmark dazugeben, 100 Milliliter Wasser angießen und aufkochen lassen. Die Hitze reduzieren und alles zugedeckt 15 Minuten köcheln lassen.
3. Den Topf vom Herd nehmen und die Mischung je nach Vorliebe Ihres Kindes mehr oder weniger grob pürieren.

Meine Empfehlung

Noch hat sich Ihr Kind nicht an den Geschmack von Gewürzen gewöhnt. Führen Sie sie behutsam ein. Wenn Sie ihm dieses Gemüse zum ersten Mal geben, ersetzen Sie den Ingwer durch ein paar Spritzer Zitronensaft und würzen Sie das Gemüse nur mit einem Hauch Kreuzkümmel. Mit der Zeit können Sie die Gewürzmengen dann etwas erhöhen.

DIE ERSTEN ABENDMAHLZEITEN

… mit Ratatouille

Ergibt 5 Portionen
à 100 Gramm

3 kleine Zucchini (etwa 200 g)
6 große Tomaten (etwa 200 g)
4 Auberginenscheiben (etwa 50 g)
2 TL Olivenöl
2 TL fein gehackte Schalotte
½ Knoblauchzehe, gehackt
1 EL Tomatenmark
1 kleine Messerspitze getrockneter Thymian

1. Das Gemüse waschen und in Würfel schneiden.
2. Das Öl in einem Topf mit schwerem Boden erhitzen und die Schalotte mit dem Knoblauch darin anbräunen. Gemüse, Tomatenmark und Thymian dazugeben, 100 Milliliter Wasser angießen, aufkochen und dann zugedeckt bei schwacher Hitze 15 Minuten köcheln lassen.
3. Den Topf vom Herd nehmen und die Mischung grob pürieren.

Meine Empfehlung

Das Ratatouille schmeckt noch besser, wenn Sie statt der Tomaten Kirschtomaten nehmen. Die Kirschtomaten ganz lassen, damit sie erst am Schluss ihren Saft abgeben und nicht zu sehr gegart werden.

DIE ERSTEN ABENDMAHLZEITEN

Suppennudeln mit Frischkäse und Basilikum

Ergibt 1 Portion
(100 Gramm)

*50 g Suppennudeln
(Sternchen oder Buchstaben)
1 kleine Prise Salz
20 g Frischkäse
(möglichst ohne Salz)
Einige Blätter Basilikum*

1. Die Nudeln nach Packungsanweisung mit einer kleinen Prise Salz kochen, abgießen und wieder in den Topf füllen.
2. Den Topf bei schwacher Hitze erneut auf den Herd stellen.
3. Den Käse und das fein geschnittene Basilikum unter die Nudeln rühren und den Topf vom Herd nehmen, sobald der Käse geschmolzen ist.

Meine Empfehlung

Nehmen Sie möglichst Vollkorn- oder Dinkelnudeln. Sie enthalten nicht nur mehr Nährstoffe, sondern haben darüber hinaus einen angenehm nussigen Geschmack. Da sie mehr Ballaststoffe enthalten, fördern sie außerdem die Verdauung.

DIE ERSTEN ABENDMAHLZEITEN

… mit grüner Gemüsesauce

Ergibt 5 Portionen
à 100 Gramm

2 kleine Zucchini (etwa 150 g)
100 g Brokkoliröschen
100 g grüne Bohnen
2 TL Olivenöl
2 TL fein gehackte Schalotte
100 g Erbsen (tiefgekühlt)
3 EL Crème fraîche

1. Die Zucchini und die Brokkoliröschen waschen und klein schneiden. Jede Bohne abfädeln und in vier Stücke schneiden.
2. Das Öl in einem Topf mit schwerem Boden erhitzen und die Schalotte darin anbräunen. Sämtliches Gemüse hinzufügen und so viel Wasser angießen, dass die Zutaten zur Hälfte damit bedeckt sind. Aufkochen und alles 10 Minuten bei mittlerer Hitze zugedeckt köcheln lassen.
3. Das Gemüse abgießen, aber etwa drei Esslöffel Kochflüssigkeit im Topf zurückbehalten. Das Gemüse wieder in den Topf füllen, die Crème fraîche unterrühren und das Ganze erneut kurz erhitzen.
4. Die Mischung grob pürieren.

Meine Empfehlung

Um Zeit zu sparen, verwende ich gerne tiefgekühltes Gemüse. Es steht, was den Nährstoffgehalt betrifft, frischem Gemüse in nichts nach.

DIE ERSTEN ABENDMAHLZEITEN

... mit fruchtiger Tomatensauce

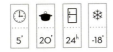

5' 20' 24ʰ -18°

Ergibt 5 Portionen
à 120 Gramm

*600 g Tomaten oder
Kirschtomaten
2 TL Olivenöl
½ Knoblauchzehe, fein gehackt*

1. Die Tomaten waschen und vierteln.
2. Das Öl in einem Topf mit schwerem Boden erhitzen und den Knoblauch darin leicht anbräunen.
3. Die Tomaten dazugeben und zugedeckt bei mittlerer Hitze je nach Größe 15–20 Minuten kochen lassen.
4. Den Topf vom Herd nehmen und die Tomaten grob pürieren.

Meine Empfehlung

Hoffen wir, dass Dr. Lalau Keraly diesen Tipp nicht liest. Aber sollte Ihnen die Tomatensauce zu sauer erscheinen, eine Prise Zucker unterrühren. Psst.

DIE ERSTEN ABENDMAHLZEITEN

… mit Rahmspinat

Ergibt 5 Portionen
à 100 Gramm

*500 g Tiefkühlspinat
(vorzugsweise Biospinat)
2 EL Crème fraîche*

1. Den unaufgetauten Spinat in einen Topf geben, etwas Wasser hinzufügen. Den Deckel auflegen und den Spinat zum Kochen bringen.
2. Die Hitze reduzieren und den Spinat 10 Minuten bei mittlerer Hitze kochen.
3. Den Spinat abgießen und gut abtropfen lassen, dann wieder in den Topf geben, mit der Crème fraîche vermischen und erneut kurz erhitzen.
4. Den Rahmspinat grob pürieren.

Meine Empfehlung

Der leicht säuerliche Geschmack des Spinats mit Crème fraîche passt hervorragend zu Nudeln. Für die Erwachsenen — und größeren Kinder — rühre ich noch einen halben Gemüsebrühwürfel unter das Gemüse und grille ein Stück Lachs dazu.

DIE ERSTEN ABENDMAHLZEITEN

… mit Dicken Bohnen, Ricotta und Basilikum

5' 15' 24ʰ -18°

Ergibt 5 Portionen
à 100 Gramm

1 kleine Zucchini
400 g Dicke Bohnen, enthülst
und geschält
2 EL Ricotta
Einige Basilikumblätter

1. Die Zucchini waschen und klein schneiden.
2. Die Bohnen in einen Topf geben, mit Wasser bedecken und zugedeckt aufkochen lassen. Dann die Hitze reduzieren und die Bohnen bei mittlerer Hitze 10 Minuten kochen lassen. Die Zucchini hinzufügen und alles weitere 5 Minuten kochen.
3. Das Gemüse abgießen, dabei etwa drei Esslöffel Kochflüssigkeit im Topf zurückbehalten.
4. Das Gemüse zurück in den Topf geben und mit dem Ricotta und Basilikum pürieren.
5. Die Nudeln zu diesem Gemüse ohne Frischkäse zubereiten.

Meine Empfehlung

Der Ricotta kann auch durch Ziegenfrischkäse ersetzt werden. Für die Größeren gebe ich einen halben Gemüsebrühwürfel zu dem Gemüse.

Linsen mit Spinat

Ergibt 5 Portionen
à 150 Gramm

200 g Linsen
300 g Tiefkühlspinat (vorzugs-
weise Biospinat)
½ Gemüsebrühwürfel
(nach Belieben)

1. Die Linsen unter fließendem Wasser waschen. Dann in einen Topf geben und mit der dreifachen Menge Wasser bedecken. Den Deckel auflegen und die Linsen etwa 30 Minuten bei mittlerer Hitze weich garen.
2. Inzwischen den Spinat mit dem Brühwürfel, falls gewünscht, 10 Minuten in etwas Wasser kochen; dann abgießen und abtropfen lassen.
3. Den abgetropften Spinat grob pürieren.
4. Die Linsen abgießen und mit dem Spinat mischen. Mit Basmatireis oder einem mit Frischkäse bestrichenen Brot servieren.

Meine Empfehlung
Den größeren Kindern serviere ich diese Linsen mit gebratenem und mit Zitronensaft beträufeltem Kabeljaufilet.

DIE ERSTEN ABENDMAHLZEITEN: SUPER SUPPEN

Kürbis-Süßkartoffel-Cremesuppe mit Vanille

Ergibt 5 Portionen
à 200 g

1 Stück Kürbis (etwa 300 g)
2 große rotschalige
Süßkartoffeln
1 Gemüsebrühwürfel
(nach Belieben)
1 Vanilleschote
2 EL Crème fraîche
2 TL Zitronensaft

1. Den Kürbis schälen, die Kerne entfernen und das Fruchtfleisch klein schneiden.
2. Die Süßkartoffeln waschen, schälen und in Würfel schneiden.
3. Das Gemüse mit 700 Milliliter Wasser und dem Brühwürfel in einen großen Topf geben. Die Vanilleschote der Länge nach aufschlitzen und das Mark mit einem Messer herausschaben.
4. Das Vanillemark und die -schote in den Topf geben. Alles aufkochen und dann zugedeckt bei mittlerer Hitze 20 Minuten kochen lassen.
5. Den Topf vom Herd nehmen und die Vanilleschote entfernen.
6. Die Crème fraîche und den Zitronensaft hinzufügen und das Ganze pürieren.
7. Die Suppe sollte cremig, aber nicht breiig sein. Ist sie zu dick, mit etwas Wasser verdünnen. Ist sie zu flüssig, etwas Süßkartoffel oder Kartoffel separat kochen und dazugeben. Dann die Suppe nochmals pürieren.

Meine Empfehlung

Diese Suppe eignet sich hervorragend, um Ihr Kind an Pilze heranzuführen. Für meine Tochter Maya habe ich ein paar fein gehackte Champignons in etwas Butter angebraten und auf ihrer Portion verteilt. Es war eines ihrer Lieblingsgerichte. Inzwischen isst sie mit Begeisterung rohe Champignons.

Ihrem Säugling wird die Suppe auch ohne den Brühwürfel schmecken, da seine Geschmacksknospen ganz sensibel sind.

DIE ERSTEN ABENDMAHLZEITEN: SUPER SUPPEN

Brokkolisuppe mit Frischkäse

Ergibt 5 Portionen
à 200 Gramm

400 g Brokkoli
1 TL Olivenöl
2 TL fein gehackte Schalotte
1 Gemüsebrühwürfel (nach Belieben)
80 g Frischkäse
(z. B. Kiri®)

1. Den Brokkoli waschen und klein schneiden.
2. In einem Topf mit schwerem Boden das Olivenöl erhitzen und die Schalotte darin 1 Minute glasig schwitzen. 700 Milliliter Wasser angießen, die Brokkoliröschen und den Brühwürfel dazugeben, aufkochen und dann zugedeckt bei mittlerer Hitze 10 Minuten kochen.
3. Den Topf vom Herd nehmen, den Frischkäse hineingeben und alles pürieren.
4. Die Suppe sollte cremig, aber nicht breiig sein. Ist sie zu dick, noch etwas Wasser hinzufügen. Ist sie zu dünn, noch etwas Brokkoli separat kochen und hinzufügen. Dann die Suppe erneut pürieren.
5. Geben Sie Ihrem Kind etwas frisches Brot dazu, wenn es das mag.

Meine Empfehlung

Für Kinder ab dem 1. Jahr kann die Suppe mit etwas Muskatnuss verfeinert werden. Und geben Sie ein paar ganze Brokkoliröschen hinein. Ihrem Säugling schmeckt die Suppe auch ohne den Brühwürfel, da seine Geschmacksknospen noch ganz sensibel sind.

DIE ERSTEN ABENDMAHLZEITEN: SUPER SUPPEN

Mais-Tomaten-Cremesuppe

Ergibt 5 Portionen
à 200 Gramm

*6 große Tomaten
300 g Maiskörner (tiefgekühlt
oder aus der Dose)
4 Blätter Salbei
1 Gemüsebrühwürfel (nach
Belieben)
2 EL Crème fraîche*

1. Die Tomaten waschen und vierteln.
2. Den Mais mit den Tomaten und dem Salbei in einen großen Topf geben, 700 Milliliter Wasser angießen, den Brühwürfel hinzufügen. Alles aufkochen und dann zugedeckt 15 Minuten bei mittlerer Hitze kochen.
3. Den Topf vom Herd nehmen, die Crème fraîche hinzufügen und das Gemüse pürieren.
4. Die Suppe sollte cremig, aber nicht breiig sein. Ist sie zu dick, noch etwas Wasser hinzufügen. Ist sie zu dünn, zusätzlich etwas Mais hinzufügen, die Suppe erneut 5–7 Minuten kochen lassen und noch einmal pürieren.

Meine Empfehlung

„Große Babys" haben es gerne, wenn man die Maiskörner ganz lässt, damit sie „etwas zu beißen haben".
Ihrem Säugling schmeckt die Suppe auch ohne den Brühwürfel, da seine Geschmacksknospen noch ganz sensibel sind.

Chiara, 20 Monate, offizielle Testesserin

Mittagsgerichte
&
Abendessen
für Groß und Klein

ab dem vollendeten 1. Lebensjahr

DR. JEAN LALAU KERALY

FACHARZT FÜR KINDERHEILKUNDE, KINDER-
ERNÄHRUNG UND ENDOKRINOLOGIE

Große-Leute-Mahlzeiten

Nun ist Ihr Kind schon ein Jahr! Ihr Kleines ist schneller gewachsen, als Sie schauen konnten, und das ist vor allem dem guten Essen zu verdanken, das Sie ihm mit viel Liebe zubereitet haben – und natürlich der Milch. Nachdem Sie es behutsam an neue Lebensmittel herangeführt haben, ist sein Organismus ab dem vollendeten 12. Lebensmonat in der Lage, Erwachsenennahrung aufzunehmen. Die Liste der „verbotenen Lebensmittel" wird kürzer (außer bei Kindern, die zu Allergien neigen). Das Baby kann jetzt mit der Familie am Tisch sitzen und die gleichen Speisen zu sich nehmen wie seine Eltern und Geschwister (die natürlich noch mundgerecht aufbereitet werden müssen).

Die ersten Zähnchen

Natürlich sind nicht alle zwölf Monate alten Babys gleich. Manche haben bereits das Gebiss eines jungen Löwen und können mehr oder weniger große Stücke essen. Andere strahlen Sie dagegen noch mit einem fast zahnlosen Lächeln an und müssen die Speisen nach wie vor in pürierter Form bekommen. Aber nur keine Panik: Jedes Kind hat seinen eigenen Rhythmus. Sobald sich nach und nach die ersten Zähnchen zeigen, vollzieht sich der Übergang zu fester Nahrung ganz von selbst. Es ist an Ihnen, sich anzupassen und Ihr Kind allmählich an eine Nahrung mit mehr »Biss« heranzuführen.

Stückchenweise

Wenn Sie Ihrem Kind die Speisen weiterhin in pürierter Form geben, enthalten Sie ihm den vollen Geschmack des einzelnen Lebensmittels vor, wie er etwa in einem Stück Fleisch, Gemüse oder Obst steckt. Dadurch halten Sie das Kind im Säuglingsstadium, was auf lange Sicht seiner psychomotorischen Entwicklung abträglich ist und sein späteres Essverhalten beeinflusst. Trotzdem sollten Sie es nicht drängen und dadurch riskieren, dass es nur mit Angst oder Widerwillen isst. Denken Sie einfach nur daran, dass es nach dem 18. Lebensmonat zu den Mahlzeiten ausschließlich feste Nahrung zu sich nehmen sollte.

Den Löffel selbst halten

Jetzt ist auch der Moment gekommen, wo das Kind anfängt, selbstständig essen zu wollen. Einen glatten, relativ flüssigen Brei zu essen, ist nicht einfach. Was für ein Vergnügen ist es dagegen, die weichen Zucchinistücke selbst aufzunehmen und in den Mund zu stecken. Es ist der Erwerb dieser Selbstständigkeit, die in diesem Entwicklungsstadium wichtig ist. Und je selbstständiger das Kind wird, desto größer sind die Chancen, dass Ihr Bemühen, es zu einer guten Ernährung zu erziehen, von Erfolg gekrönt sein wird. Diese Selbstständigkeit fördert nicht nur seine allgemeine Entwicklung, sondern das Kind nimmt damit auch seine eigene Ernährung aktiv in die Hand; es wird vom Zuschauer zum Akteur. Das Baby wird zum großen Kind!

Doch aufgepasst!

Wenn ich sage, dass sich die Ernährung Ihres Babys von nun an nicht mehr sehr von der der anderen Familienmitglieder unterscheidet, bedeutet das nicht, dass man auch die schlechten Ernährungsgewohnheiten übernehmen sollte. Umfragen haben ergeben, dass 50 Prozent der Kleinkinder über ein Jahr bereits Pommes frites gegessen haben. Und man hat festgestellt, dass die Eltern, nachdem sie über Monate peinlich genau auf die richtige Ernährung geachtet haben, nach dem ersten Geburtstag ihres Sprösslings nicht selten dazu neigen, in diesem Punkt etwas nachlässiger zu werden: Das Baby bekommt die gleichen Speisen wie der Rest der Familie und die Ernährung wird weniger abwechslungsreich, enthält weniger Obst und Gemüse und mehr Salz und Eiweiß.

Eine ausgewogene Ernährung

Selbstverständlich werden Sie diesen Fehler nicht machen. Wenn Ihr Kind jetzt „wie Sie" essen kann, wäre das eine gute Gelegenheit, seine guten Ernährungsgewohnheiten auch auf den Rest der Familie zu übertragen. Und das heißt: viel Obst, Gemüse, Getreide, natürliche, frische Aromen, etwas Eiweiß, wenig „schlechte" Fette und Zucker. Das bedeutet nun aber nicht, dass Sie die ganze Familie auf Diät setzen sollen. Bei der Lektüre dieses Buchs konnten Sie feststellen, dass gesunde Ernährung durchaus nicht bedeutet, dass die Speisen fade und spartanisch sein müssen. Wichtig ist, dass die Gerichte, die Sie Ihrem Baby anbieten, ausgewogen sind, nicht zu viel Eiweiß (bis zum 2. Lebensjahr nicht mehr als 40 Gramm Fleisch oder Fisch pro Tag) und relativ viel Calcium und Eisen enthalten. Und denken Sie daran, dass Ihr „großes Kind" nachts kein Fläschchen mehr benötigt und auch keine richtige zusätzliche Mahlzeit, sondern lediglich etwas Obst zwischen Frühstück und Mittagessen (viele kleine Zwischenmahlzeiten erhöhen das Risiko, übergewichtig zu werden). Die täglichen Mahlzeiten beschränken sich – wie bei Ihnen – auf ein Frühstück mit Milch (250 Milliliter) und Getreideprodukten (wenn Ihr Kind viel isst), ein Mittagessen, bestehend aus einem Hauptgericht mit Fleisch, Fisch oder Ei und Gemüse und einem Dessert auf der Basis von Milchprodukten und rohen oder gekochten Früchten. Als nachmittäglichen Imbiss gibt es nach Belieben etwas Obst oder einen milchfreien (Getreide-)Obst-Brei. Das Abendessen sollte bis zum 3. Lebensjahr kein Fleisch enthalten und aus einem stärkehaltigen Nahrungsmittel (Reis, Nudeln, Grieß) und Gemüse, einem leichten Dessert und Milch (250 Milliliter) bestehen.

In diesem Kapitel ...

... finden Sie pikante und süße Gerichte für die „großen Kleinen", die sowohl den Empfehlungen der Kinderärzte als auch den Erfordernissen der modernen Eltern und den Vorlieben des zukünftigen Gourmets Rechnung tragen. Denn dies ist auch das Alter, in dem Ihr Kind anfängt, eigene Vorlieben zu entwickeln. Darüber müssen Sie sich gar nicht beklagen, schließlich waren Sie es, die es in die Welt des Geschmacks eingeführt hat. Und diese Vorlieben sollten Sie – im Rahmen – nun auch berücksichtigen. Denn Sie sollten stets bedenken, dass Ihr Kind nur dann auf dem einmal eingeschlagenen Weg des – guten – Geschmacks weitergehen wird, wenn es die Nahrungsaufnahme nicht als Stress oder Zwang, sondern als etwas Angenehmes, Lustvolles erlebt, bei dem es immer wieder neue Entdeckungen machen kann.

MITTAGSGERICHTE FÜR GROSS UND KLEIN

Klassiker im neuen Gewand

Wenn Sie Ihr Baby an die Erwachsenenküche heranführen, sollte das nicht unbedingt mit den in Sauce getränkten Speisen aus Großmutters Küche geschehen. Auch wenn wir sie als Kinder mit Begeisterung gegessen haben, sind sie nicht unbedingt die geeignetste Mahlzeit für unsere Kleinsten. Ich habe mich deshalb von der wunderbaren Küche unserer Großmütter inspirieren lassen, sie aber den Bedürfnissen von Kleinkindern ab dem 1. Lebensjahr angepasst. Und wenn Sie die Zutatenmengen entsprechend erhöhen, kommt auch der Rest der Familie in den Genuss dieser schmackhaften, vitaminreichen Speisen.

Hähnchen mit Kokosmilch und jungem Gemüse

15' 15' 24ʰ -18°

**Ergibt 5 Portionen
à 120 Gramm**

*2 Karotten
1 Zucchini
100 g grüne Bohnen
5–6 Brokkoliröschen
1 Hähnchenbrustfilet (etwa 100 g)
1 EL Sonnenblumenöl
1 Knoblauchzehe, fein gehackt
½ TL gemahlener Ingwer
200 ml Kokoscreme
Saft von ½ Zitrone
1 kleine Prise Salz
1 winzige Prise Rohrzucker
3–4 Blätter Koriandergrün, fein
geschnitten*

1. Das Gemüse waschen. Die Karotten putzen. Die Karotten und die Zucchini in Scheiben schneiden. Die Bohnen abfädeln und in Stücke schneiden. Die Brokkoliröschen grob hacken. Die Hähnchenbrust klein schneiden.
2. Das Öl in einem Topf mit schwerem Boden erhitzen und das Fleisch darin anbräunen.
3. Den Knoblauch und den Ingwer hinzufügen und 1 Minute anbraten. Dabei darauf achten, dass der Knoblauch nicht zu braun wird.
4. Gemüse, Kokoscreme, Zitronensaft, Salz, Zucker und 100 Milliliter Wasser dazugeben und das Ganze zugedeckt 15 Minuten bei schwacher Hitze köcheln lassen.
5. Den Topf vom Herd nehmen, die Korianderblätter hinzufügen und die Mischung grob pürieren.

Beilagen

Servieren Sie das Hähnchen mit Basmatireis. Für eine Portion 125 Milliliter Wasser mit 50 Gramm Basmatireis in einem Topf aufkochen und 15 Minuten zugedeckt bei schwacher Hitze köcheln lassen, bis der Reis das Wasser vollständig aufgesogen hat.

Meine Empfehlung

Ihr Kind mag keine Kokosmilch? Dann ersetzen Sie sie einfach durch 100 Gramm Crème fraîche und lassen den Zitronensaft weg, denn die Crème fraîche verleiht dem Gericht bereits eine säuerliche Note.

MITTAGSGERICHTE FÜR GROSS UND KLEIN

Hähnchen-Tajine mit Rosinen

Ergibt 5 Portionen
à 120 Gramm

5 Karotten
2 Zucchini
2 Tomaten
1 EL Olivenöl
1 Hähnchenkeule (etwa 220 g)
1 Zwiebel, fein gehackt
1 Knoblauchzehe, fein gehackt
½ TL gemahlener Ingwer
½ TL Viergewürz (Gewürz-
mischung aus Zimt, Nelke,
Muskatnuss und Pfeffer)
1 kleine Prise Salz
1 EL Sultaninen
200 ml Orangensaft

1. Das Gemüse waschen. Die Karotten putzen. Karotten und Zucchini in Scheiben schneiden, die Tomaten vierteln.
2. Das Öl in einem großen Topf mit schwerem Boden erhitzen und die Hähnchenkeule rundherum darin anbräunen. Zwiebel, Knoblauch und Gewürze hinzufügen und 1 Minute anbraten. Dabei darauf achten, dass sie nicht zu braun werden.
3. Das Gemüse, die Hälfte der Sultaninen, den Orangensaft und 100 Milliliter Wasser dazugeben und das Ganze zugedeckt 15 Minuten bei schwacher Hitze köcheln lassen. Danach die restlichen Sultaninen hinzufügen und alles weitere 10 Minuten garen.
4. Den Topf vom Herd nehmen, die Hähnchenkeule herausnehmen und von Knochen und Haut befreien. Das Fleisch wieder in den Topf geben und die Mischung grob pürieren.

Beilagen
Servieren Sie die Tajine mit Couscous (siehe Seite 90).

Meine Empfehlung
Für größere Kinder nehme ich Hähnchenunterschenkel anstelle der Hähnchenkeule, denn die kann man so wunderbar mit den Fingern essen.

Lamm-Tajine mit getrockneten Aprikosen

Ergibt 5 Portionen
à 120 Gramm

4 Karotten
2 Zucchini
4 große Tomaten
100 g Lammschulter oder -keule
1 EL Olivenöl
1 Knoblauchzehe, fein gehackt
½ TL gemahlener Ingwer
½ TL Viergewürz (Gewürz-
mischung aus Zimt, Nelke,
Muskatnuss und Pfeffer)
1 kleine Prise Salz
10 ungeschwefelte getrocknete
Aprikosen

1. Das Gemüse waschen. Die Karotten putzen. Karotten und Zucchini in Scheiben schneiden, die Tomaten vierteln. Das Fleisch vom Fett befreien und klein schneiden.
2. Das Öl in einem Topf mit schwerem Boden erhitzen und das Fleisch rundherum darin anbräunen. Den Knoblauch und die Gewürze hinzufügen und 1 Minute anbraten; darauf achten, dass sie nicht zu braun werden.
3. Das Gemüse und fünf Aprikosen dazugeben und so viel Wasser angießen, dass die Zutaten zur Hälfte damit bedeckt sind. Alles zugedeckt 15 Minuten bei schwacher Hitze köcheln lassen. Dann die restlichen Aprikosen hinzufügen und das Ganze weitere 10 Minuten kochen lassen.
4. Den Topf vom Herd nehmen und die Mischung grob pürieren.

Beilagen
Servieren Sie die Lamm-Tajine mit Couscous (mit Thymian oder mit Orangensaft; siehe Seiten 71 und 90).

Meine Empfehlung
Für Papa und Mama die Tajine mit etwas fein gehackter roter Chilischote oder Cayennepfeffer aufpeppen. Am Ende der Garzeit ein paar geschälte Mandeln untermischen und den Couscous mit etwas Zimt bestreucn.

MITTAGSGERICHTE FÜR GROSS UND KLEIN

Fleischbällchen auf italienische Art

Ergibt 5 Portionen
à 120 Gramm

(Fleisch und Sauce)

Für die Fleischbällchen

100 g Rinderhackfleisch
½ Zwiebel, fein gehackt
1 Kartoffel, gekocht und zerdrückt
1 kleine Prise Salz
1 kleine Prise Pfeffer

Für die Tomatensauce

6 große Tomaten (500 g)
2 TL Olivenöl
1 TL fein gehackter Knoblauch
1 EL Tomatenmark
4 Basilikumblätter, fein geschnitten

1. Für die Fleischbällchen alle Zutaten vermengen, zu etwa zehn kleinen Bällchen formen und 10–15 Minuten bei Raumtemperatur ruhen lassen.
2. Die Tomaten waschen und vierteln.
3. Die Hälfte des Öls in einem Topf mit schwerem Boden erhitzen und den Knoblauch darin anschwitzen. Tomaten, Tomatenmark und Basilikum hinzufügen und alles zugedeckt 10 Minuten köcheln lassen.
4. Das restliche Öl in einer Pfanne erhitzen, die Fleischbällchen vorsichtig hineinlegen und rundherum goldbraun anbraten.
5. Die Tomatensauce pürieren. Die Fleischbällchen in die Sauce legen und 10 Minuten bei ganz schwacher Hitze köcheln lassen, bis sie durchgegart sind.

Beilagen
Servieren Sie die Fleischbällchen mit Buchstabennudeln.

Meine Empfehlung
Besonders köstlich wird das Gericht, wenn Sie es mit etwas frisch geriebenem Parmesan bestreuen.

MITTAGSGERICHTE FÜR GROSS UND KLEIN

Bœuf bourguignon speziell für Babys

Ergibt 5 Portionen
à 120 Gramm

4 Karotten
2 Zucchini
4 große Tomaten
100 g Rindfleisch zum Kochen
(Hals, Schulter ...)
2 TL Olivenöl
½ Zwiebel, fein gehackt
2 Scheiben Frühstücksspeck
oder luftgetrockneter Schinken,
gewürfelt
1 EL Tomatenmark
½ TL getrockneter Thymian
1 Lorbeerblatt
1 kleine Prise Pfeffer

1. Das Gemüse waschen. Die Karotten putzen. Karotten und Zucchini in Scheiben schneiden, die Tomaten vierteln. Das Fleisch klein schneiden.
2. Das Öl in einem Topf mit schwerem Boden erhitzen und das Fleisch rundherum darin anbräunen. Die Zwiebel und den Speck oder Schinken hinzufügen und 1 Minute anbraten. Dabei darauf achten, dass die Zwiebel nicht zu braun wird.
3. Gemüse, Tomatenmark, Thymian, Lorbeerblatt und Pfeffer dazugeben und so viel Wasser angießen, dass die Zutaten zur Hälfte damit bedeckt sind. Das Ganze zugedeckt 25 Minuten bei geringer Hitze köcheln lassen.
4. Den Topf vom Herd nehmen, das Lorbeerblatt entfernen und die Mischung grob pürieren.

Beilagen
Dazu passt Kartoffelpüree (siehe Seite 70).

Meine Empfehlung
Als Krönung – und zur großen Freude meiner Tochter Maya – serviere ich dazu noch karamellisierte Esskastanien. Sie sind kinderleicht zuzubereiten. Nehmen Sie am besten vakuumverpackte Kastanien. Ein Stückchen Butter bei schwacher Hitze in einer Pfanne zerlassen und die Kastanien unter gelegentlichem Wenden mit etwas

Zucker darin anbraten, bis der Zucker karamellisiert ist und die Kastanien sehr heiß sind.

Schnelle Mittagsgerichte für hektische Tage

Der vollgepackte Tag berufstätiger Eltern lässt es nicht immer zu, eine halbe Stunde für die Zubereitung aufwendiger, fantasievoller Gerichte zu erübrigen. Denn da müssen noch die Einkäufe erledigt (die nach Hause gebracht und aufgeräumt werden wollen – das geschieht schließlich auch nicht wie von Zauberhand) und die größeren Kinder von der Schule abgeholt werden. Vielleicht steht auch noch ein Besuch beim Kinderarzt an, wo einen wie immer ein volles Wartezimmer erwartet. Und dann will die Kinderschar ja auch noch unterhalten werden. Ein Pensum, das dem eines Ministers in nichts nachsteht. Um diesen Zeitmangel in den Griff zu bekommen, habe ich mir eine Handvoll „Schnellgerichte" ausgedacht, die im Handumdrehen fertig und trotzdem lecker und gesund sind, sodass Sie guten Gewissens von sich sagen können, dass Sie die Situation wieder einmal hervorragend gemeistert haben.

Thunfisch auf Nizzaer Art und Couscous mit Thymian

5'   5'

Ergibt 1 Portion

100 g Ratatouille (das Sie beim letzten Mal, als Sie es für Ihr Kind zubereitet haben, eingefroren haben; siehe Seite 93)
20 g Thunfisch im eigenen Saft (siehe Seite 187)
50 g feiner Couscous
½ TL getrockneter Thymian
1 kleine Prise Salz

1. Das Ratatouille in einem Topf erhitzen.
2. Den Thunfisch abtropfen lassen und mit einer Gabel zerpflücken.
3. Den Thunfisch unter das Ratatouille mischen, die Hitze reduzieren und das Ganze 5 Minuten köcheln lassen.
4. Inzwischen 50 Milliliter Wasser zum Kochen bringen. Den Topf vom Herd nehmen, den Couscous mit dem Thymian hineingeben und zugedeckt 5 Minuten quellen lassen.
5. Den Couscous mit einer Gabel auflockern – eventuell noch etwas heißes Wasser dazugeben, falls er zu trocken erscheint – und mit dem Ratatouille servieren.

Meine Empfehlung

Das Gericht kann auch mit Tomatensauce – anstelle von Ratatouille – zubereitet werden, die Sie ebenfalls im Voraus zubereiten und einfrieren können.

SCHNELLE MITTAGSGERICHTE FÜR HEKTISCHE TAGE

Nudeln mit Kochschinken und Erbsen

5' 7'

Ergibt 1 Portion

60 g Buchstabennudeln
50 g Erbsen
1 kleines Stückchen Butter
1 TL fein gehackte Schalotte
1 Scheibe gekochter Schinken,
fein gewürfelt
2 EL Crème fraîche

1. Die Nudeln nach Packungsanweisung kochen.
2. Inzwischen in einem Topf Wasser zum Kochen bringen und die Erbsen darin 5 Minuten kochen. Anschließend abgießen und wieder in den Topf geben.
3. Den Topf wieder auf die Herdplatte stellen, Butter, Schalotte und den fein gewürfelten Schinken zu den Erbsen geben und das Ganze 1–2 Minuten unter Rühren erhitzen.
4. Die Crème fraîche einrühren, kurz aufkochen lassen und den Topf dann vom Herd nehmen.
5. Die Nudeln abgießen und mit der Sauce überziehen.

Meine Empfehlung

Um Gerichte wie dieses noch schneller zubereiten zu können, friere ich stets gehackte Schalotten, Knoblauch, Zwiebeln … ein. So erspart man sich auch noch das Kleinschneiden der Zutaten für dieses absolut einfache, aber ausgesprochen leckere Gericht.

SCHNELLE MITTAGSGERICHTE FÜR HEKTISCHE TAGE

Hähnchen mit Brokkoli und Basmatireis

5' 15'

Ergibt 1 Portion

50 g Basmatireis
1 kleine Prise Salz
1 TL Olivenöl
1 TL fein gehackte Schalotte
20 g Hähnchenbrustfilet, klein geschnitten
50 g kleine Brokkoliröschen
2 EL Crème fraîche
1 EL frisch geriebener Parmesan

1. Den Reis mit 125 Milliliter Wasser und einer kleinen Prise Salz in einem Topf aufkochen und dann zugedeckt bei schwacher Hitze etwa 15 Minuten kochen, bis er das Wasser vollständig aufgesogen hat.
2. Das Öl in einem Topf mit schwerem Boden erhitzen und die Schalotte 1 Minute darin anschwitzen.
3. Das Fleisch dazugeben und rundherum anbräunen. 100 Milliliter Wasser angießen, die Brokkoliröschen hinzufügen und das Ganze 7 Minuten ohne Deckel kochen lassen.
4. Die Crème fraîche und den Parmesan unterrühren, alles noch 2–3 Minuten köcheln lassen und mit dem Reis servieren.

Meine Empfehlung

Für dieses Gericht eignet sich auch jedes andere weiße Fleisch (Pute, Kalbfleisch …) und sogar gekochter Schinken. Den Parmesan, der dem Gericht eine salzige Note verleiht, sollte man allerdings nicht durch einen süßlicheren Käse ersetzen.

MITTAGSGERICHTE FÜR DIE GANZE FAMILIE

Ich esse mit den Großen

Endlich ist es so weit: Ihr Baby hat sein 1. Lebensjahr vollendet und kann seine Mahlzeiten ab jetzt gemeinsam mit der Familie einnehmen. Vorbei die Zeiten, wo Sie zweierlei – oder, wenn das Baby größere Geschwister hat, sogar dreierlei – Gerichte kochen und zwei oder drei verschiedene Speisepläne aufstellen mussten. Auf den folgenden Seiten finden Sie deshalb Rezepte, die Groß und Klein gleichermaßen genießen können. Der einzige Unterschied besteht darin, dass Sie die Speisen für das Baby vor dem Servieren noch klein schneiden oder, wenn es das lieber mag, etwas pürieren müssen. Jetzt können alle die leckeren, von Mama oder Papa gekochten Speisen gemeinsam genießen. Für Ihr Baby und sein späteres Verhältnis zum Essen ist es eine ganz entscheidende Erfahrung, dass es nun ebenfalls „wie ein Großer" an diesem Ritual teilhaben darf. Guten Appetit alle miteinander!

Putenrouladen mit Parmaschinken, Süßkartoffelpüree und Erbsen

10' 15' 24ʰ -18°

Für 2 Erwachsene
und 1 Kind

*Die Rouladen müssen frisch
zubereitet werden, das Gemüse
kann man tiefkühlen.*

2 große rotschalige Süßkartoffeln
2 Putenschnitzel
2½ Scheiben Parmaschinken
200 g Erbsen
1 Stückchen Butter

1. Die Süßkartoffeln waschen, schälen und in Würfel schneiden. Den Backofen auf 200 °C vorheizen.
2. Die Gemüsewürfel in einem Topf mit Wasser bedecken, aufkochen lassen und 15 Minuten garen.
3. Von den Putenschnitzeln jeweils ein Stückchen für das Baby abschneiden. Jedes Schnitzel auf eine Schinkenscheibe, die Stücke fürs Baby auf die halbe Schinkenscheiben legen und aufrollen.
4. Die Rouladen für die Erwachsenen auf ein mit Backpapier ausgelegtes Backblech legen und 10 Minuten im vorgeheizten Backofen garen. Anschließend die Kinderroulade dazugeben und alles weitere 5–7 Minuten garen.
5. Die Erbsen in einem Topf mit Wasser bedecken und 5 Minuten bei mittlerer Hitze kochen.
6. Die Süßkartoffeln abgießen und mit der Butter zu einem glatten Püree zerdrücken.
7. Die Schnitzel aus dem Ofen nehmen. Das Kinderschnitzel grob hacken. Mit dem Süßkartoffelpüree und den Erbsen (die Erbsen für das Kind pürieren, wenn es noch nicht kauen kann) servieren.

Meine Empfehlung

Wenn Sie die Süßkartoffeln im Backofen rösten, entfaltet sich ihr Geschmack noch besser. Dazu die Würfel neben den Putenrouladen auf einem Backblech verteilen. Die Würfel für das Kind mit einer Gabel zerdrücken, die Würfel für die Erwachsenen mit etwas Olivenöl beträufeln und mit etwas Fleur de Sel würzen. Auch die Erbsen für die Erwachsenen können Sie nach dem Garen etwas würzen.

MITTAGSGERICHTE FÜR DIE GANZE FAMILIE

In der Hülle gebackener Kabeljau mit Orange

Für 2 Erwachsene und 1 Kind

Der Kabeljau muss frisch zubereitet werden, das Gemüse lässt sich tiefkühlen.

2 schöne Kabeljaufilets
+ 1 winziges Filet (20 g)
für das Kind
1 unbehandelte Orange
6 Kirschtomaten
5 Blätter Koriandergrün
500 g Brokkoliröschen

1. Jedes Kabeljaufilet auf ein großes Stück Alufolie legen (das Filet für das Kind muss absolut grätenfrei sein).
2. Die Orange und die Tomaten waschen. Aus der Orangenmitte fünf dünne Scheiben herausschneiden.
3. Jedes große Filet mit zwei Orangenscheiben und zwei Kirschtomaten belegen und nach Belieben würzen, das Filet für das Kind mit einer Orangenscheibe und zwei Kirschtomaten belegen. Die restliche Orange auspressen und den Fisch mit dem Saft beträufeln und mit den fein geschnittenen Korianderblättern bestreuen. Die Alufolie um den Fisch herum sorgfältig verschließen. Die Erwachsenenportionen 20 Minuten im 200 °C heißen Backofen garen. Nach der Hälfte der Garzeit die Kinderportion dazugeben.
4. In der Zwischenzeit die Brokkoliröschen waschen, 10 Minuten in Wasser garen, abgießen und den Brokkoli für das Kind mit einer Gabel zerdrücken.
5. Den Fisch aus dem Ofen nehmen. Die Portionen für die Eltern in der geöffneten Folie servieren. Für das Kind die Folie entfernen und den Fisch mit dem pürierten Brokkoli auf einem Teller anrichten.

Meine Empfehlung

Für eine sättigendere Mahlzeit noch ein Kartoffelpüree dazu reichen. Für zwei Erwachsene und ein Kind fünf Kartoffeln (etwa 300 Gramm) waschen, schälen, klein schneiden und 15 Minuten in Wasser garen. Anschließend abgießen und mit etwas Milch, einem Stückchen Butter und geriebener Muskatnuss zerdrücken. Ich bereite das Püree immer frisch zu, Sie können es aber auch im Voraus herstellen und einfrieren.

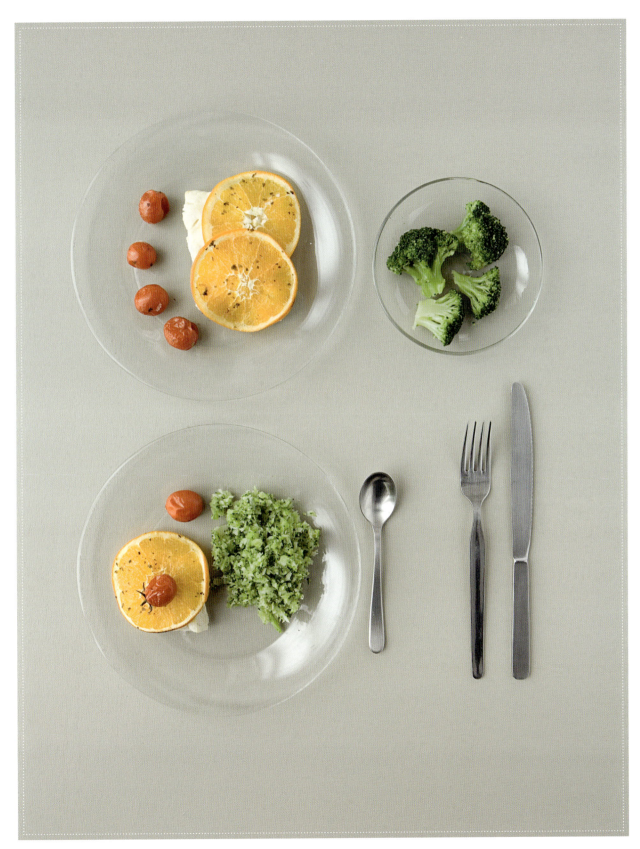

MITTAGSGERICHTE FÜR DIE GANZE FAMILIE

Lachs mit Dicken Bohnen

5' 15'

Für 2 Erwachsene und 1 Kind

2 Scheiben Lachs + 1 kleines Stück (20 g) für das Kind
1 kleine Prise Salz
200 g Dicke Bohnen (tiefgekühlt), enthülst und geschält
6 Basilikumblätter, fein geschnitten
Saft von 1 Zitrone

1. Den Backofen auf 200 °C vorheizen. Den Lachs für die Erwachsenen auf ein mit Backpapier ausgelegtes Backblech legen, mit etwas Salz bestreuen und 15 Minuten im Backofen garen. Nach der Hälfte der Garzeit den (grätenfreien) Lachs für das Kind dazugeben.
2. In einem Topf Wasser zum Kochen bringen, die Bohnenkerne hineingeben und 7–10 Minuten bei mittlerer Hitze kochen. Anschließend abgießen und das Basilikum und den Zitronensaft hinzufügen.
3. Den Lachs aus dem Ofen nehmen, etwas abkühlen lassen und lauwarm mit den Bohnen (die Bohnen für das Kind eventuell pürieren) servieren.

Meine Empfehlung

Reichen Sie noch ein Karottenpüree dazu. Dazu fünf Karotten waschen, putzen, in Scheiben schneiden und 15 Minuten in Wasser garen. Mit einem Stückchen Butter und eventuell einer kleinen Prise Salz pürieren oder mit einer Gabel zerdrücken.

MITTAGSGERICHTE FÜR DIE GANZE FAMILIE

Fisch mit jungem Gemüse in der Kartoffelkruste

15' 35'

Für 2 Erwachsene
und 1 Kind

5 mehligkochende Kartoffeln
100 g grüne Bohnen
150 g Erbsen
200 g Lachsfilet
150 g Kabeljaufilet
100 g Crème fraîche
2 TL Zitronensaft
4 Basilikumblätter
2 EL Milch
1 Stückchen Butter
1 kleine Prise Salz
1 Prise geriebene Muskatnuss

1. Die Kartoffeln waschen, schälen und klein schneiden. In einem Topf mit Wasser bedecken, aufkochen lassen und zugedeckt 15 Minuten kochen.
2. Inzwischen die Bohnen abfädeln, mit den Erbsen in einen Topf geben, mit Wasser bedecken, aufkochen lassen und 3–4 Minuten kochen. Anschließend abgießen und mit dem Messer grob hacken.
3. Die Fischfilets klein schneiden und dabei sämtliche Gräten entfernen. Den Backofen auf 200 °C vorheizen.
4. Den Fisch auf dem Boden einer Auflaufform verteilen und mit dem gehackten Gemüse bedecken. Die Crème fraîche mit dem Zitronensaft und dem Basilikum verrühren und auf dem Gemüse verteilen.
5. Die Kartoffeln abgießen und mit der Milch, der Butter, dem Salz und der Muskatnuss zerdrücken. Das Püree auf der Fisch-Gemüse-Mischung verteilen und den Auflauf 20 Minuten auf der mittleren Schiene des heißen Backofens garen.
6. Wenn Ihr Kind große Stücke noch nicht kauen kann, seinen Fisch vor dem Servieren eventuell mit der Gabel zerdrücken.

Meine Empfehlung

Dieses Rezept lässt sich auf verschiedenste Art abwandeln, etwa indem man den Kabeljau dudrch einen anderen weißfleischigen Fisch (Seeteufel oder Schwertfisch) oder die Bohnen und Erbsen durch Brokkoli oder Blumenkohl, in dünne Scheiben geschnittene Karotten oder Fenchel ersetzt.

ABENDESSEN FÜR GROSS UND KLEIN

Ich esse ganz allein wie die Großen

Jetzt hat es Sie auch erwischt: Sie befinden sich in der Phase, die alle Eltern früher oder später durchmachen müssen. Aber keine Sorge, Ihr Kind ist nicht krank, es ist ganz normal, wenn es die Gerichte, die es früher mit Begeisterung gegessen hat, plötzlich verschmäht. Das ist auch der Zeitpunkt, wo das Kind alles alleine machen will, vor allem essen. Deshalb habe ich mir diese kleinen Bratlinge ausgedacht, in denen sich jede Menge Gemüse und Getreide verbirgt. Genau das Richtige, wenn Ihr kleiner Feinschmecker beim Anblick des früher so heiß begehrten Brokkolis das Gesicht verzieht. Überdies eignen sich die kleinen Bratlinge hervorragend, um das selbstständige Essen zu erlernen. Damit wird Gemüse bestimmt wieder zu seinem Lieblingsgericht. Wollen wir wetten?

Karotten-Linsen-Bratlinge mit Zucchini

10' 20' 24ʰ -18°

Ergibt 5 Portionen
à 200 Gramm
(etwa 20 kleine Bratlinge)

*Die Sauce muss frisch
zubereitet werden.*

Für die Bratlinge
*4 große Karotten (etwa 500 g)
100 ml Orangensaft
½ Gemüsebrühwürfel
½ TL gemahlener Kreuzkümmel
300 g rote Linsen
2 Zucchini (etwa 200 g)
1 TL Olivenöl*

Für die Sauce (1 Portion)
*4 Blätter Koriandergrün
1 Becher Naturjoghurt*

1. Die Karotten waschen, putzen und in Scheiben schneiden.
2. Die Scheiben mit dem Orangensaft, dem Brühwürfel und Kreuzkümmel in einen Topf geben, knapp mit Wasser bedecken, aufkochen lassen und 5 Minuten kochen.
3. Die Linsen dazugeben und alles weitere 10 Minuten kochen lassen.
4. In der Zwischenzeit die Zucchini waschen und in der Küchenmaschine oder mit dem Gemüsehobel raspeln.
5. Die Zucchiniraspel am Ende der Kochzeit zum restlichen Gemüse geben. Die Mischung abtropfen lassen und grob pürieren.
6. Aus der Masse kleine Küchlein (etwa drei Zentimeter groß und einen Zentimeter dick) formen und einige Minuten auf Küchenpapier trocknen lassen.
7. Das Öl in einer beschichteten Pfanne erhitzen, die Bratlinge auf jeder Seite 3–5 Minuten braten, auf Küchenpapier abtropfen und etwas abkühlen lassen.
8. Die fein geschnittenen Korianderblätter unter den Joghurt rühren und diesen in einer kleinen Schüssel anrichten.
9. Die Bratlinge (etwa vier Stück pro Portion) mit dem Joghurt servieren, sodass das Baby sie mit den Fingern essen und in die Sauce tunken kann.

Meine Empfehlung

Versuchen Sie diese Bratlinge doch einmal selbst, etwa als kleines Abendessen mit einer mit Kreuzkümmel, Paprika- und Currypulver gewürzten, mit Olivenöl und Zitronensaft beträufelten und im Backofen gegrillten Hähnchenbrust. Wenn Sie dann der Joghurtsauce mit einer kleinen Prise Cayennepfeffer noch etwas Pep verleihen, haben Sie ein richtig schmackhaftes Abendessen.

ABENDESSEN FÜR GROSS UND KLEIN

Mais-Karotten-Bratlinge mit Comté

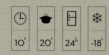

10' 20' 24ʰ -18°

Ergibt 5 Portionen
à 200 Gramm
(etwa 20 kleine Bratlinge)

Für die Bratlinge
4 große Karotten (etwa 500 g)
½ Gemüsebrühwürfel
200 g Maiskörner
200 g Comté
½ TL Paprikapulver
1 TL Olivenöl

Für das Avocadopüree (muss frisch zubereitet werden)
½ sehr reife Avocado
Einige Spritzer Zitronensaft

1. Die Karotten waschen, putzen und in Scheiben schneiden.
2. Die Karottenscheiben mit dem Brühwürfel in einen Topf geben, knapp mit Wasser bedecken, aufkochen lassen und zugedeckt 10 Minuten kochen. Dann die Maiskörner dazugeben und alles weitere 5–7 Minuten kochen lassen.
3. In der Zwischenzeit den Käse reiben.
4. Das Gemüse abgießen und abtropfen lassen. Den Käse und das Paprikapulver hinzufügen und die Zutaten so lange verrühren, bis der Käse zu schmelzen beginnt. Die Mischung danach grob pürieren.
5. Kleine Küchlein (etwa drei Zentimeter groß und einen Zentimeter dick) formen und einige Minuten auf Küchenpapier trocknen lassen.
6. Das Öl in einer beschichteten Pfanne erhitzen, die Bratlinge auf jeder Seite 3–5 Minuten braten und danach auf Küchenpapier abtropfen und etwas abkühlen lassen.
7. Das Avocadofruchtfleisch mit dem Zitronensaft in eine kleine Schüssel geben und mit einer Gabel zu einem möglichst glatten Püree verarbeiten.
8. Die Bratlinge (etwa vier Stück pro Portion) mit dem Avocadopüree servieren, sodass das Baby sie mit den Fingern essen und in das Püree tunken kann.

Meine Empfehlung
Diese Bratlinge eignen sich auch hervorragend zum Aperitif, wenn Sie – was bestimmt viel zu selten geschieht – Freunde zum Abendessen eingeladen haben. Braten Sie sie in diesem Fall etwas länger, damit sie schön knusprig werden, und servieren Sie sie mit einer richtigen Guacamole (das Fruchtfleisch von zwei Avocados mit einem Päckchen Guacamolegewürz, einem Becher Joghurt, Currypulver und Koriander zerdrücken).

Brokkoli-Bohnen-Bratlinge mit Parmesan

10' · 25' · 24ʰ · -18°

Ergibt 5 Portionen
à 200 Gramm
(etwa 20 kleine Bratlinge)

Für die Bratlinge
400 g Brokkoli
400 g tiefgekühlte Dicke Bohnen, geschält
½ Gemüsebrühwürfel
100 g Parmesan, frisch gerieben
4 Basilikumblätter, zerzupft
1 TL Olivenöl

Für die Tomatensauce
600 g Tomaten
2 TL Olivenöl
½ Knoblauchzehe, fein gehackt

1. Für die Sauce die Tomaten waschen und vierteln.
2. Das Öl in einem Topf mit schwerem Boden erhitzen und den Knoblauch darin anbräunen. Die Tomaten hinzufügen und zugedeckt 15–20 Minuten bei mittlerer Hitze kochen lassen; danach grob pürieren.
3. Inzwischen den Brokkoli waschen und klein schneiden.
4. Brokkoli und Bohnen mit dem Brühwürfel in einen Topf geben, knapp mit Wasser bedecken, aufkochen lassen und 10 Minuten garen, dann abgießen und abtropfen lassen.
5. Das Gemüse mit dem Parmesan und dem Basilikum in den Topf zurückgeben und rühren, bis der Parmesan zu schmelzen beginnt. Dann die Mischung im Mixer zu einem glatten Püree verarbeiten (das ist wichtig, denn die in den Bohnen enthaltenen Kohlenhydrate sorgen dafür, dass die Bratlinge gut zusammenhalten).
6. Kleine Küchlein (etwa drei Zentimeter groß und einen Zentimeter dick) aus der Masse formen und einige Minuten auf Küchenpapier trocknen lassen.
7. Das Öl in einer beschichteten Pfanne erhitzen, die Bratlinge auf jeder Seite 3–5 Minuten braten, dann auf Küchenpapier abtropfen und etwas abkühlen lassen.
8. Die Bratlinge (etwa vier Stück pro Portion) mit der Tomatensauce servieren, sodass das Baby sie mit den Fingern essen und in die Sauce tunken kann.

Meine Empfehlung

Frische Dicke Bohnen lassen sich gut einfrieren. Die Bohnen dazu enthülsen, von den Häutchen befreien und in Gefrierbeutel füllen. Sie müssen dann nur noch in kochendem Salzwasser gegart werden. Für ein Mittagessen für die ganze Familie die Bratlinge mit Kalbsschnitzeln servieren, die Sie kurz in Olivenöl braten und mit Zitronensaft beträufeln; vor dem Servieren mit der Tomatensauce überziehen.

ABENDESSEN FÜR GROSS UND KLEIN

Bratlinge aus Wurzelgemüse

10'   20'   24ʰ   -18°

Ergibt 5 Portionen
à 200 Gramm
(etwa 20 kleine Bratlinge)

Für die Bratlinge
1 Steckrübe
*1 Pastinake (siehe
Seite 186)*
100 g Knollensellerie
2 Kartoffeln
½ Gemüsebrühwürfel
1 TL Olivenöl

**Für die Tomaten-
Apfel-Coulis**
*5 süße Äpfel (vorzugsweise
Golden Delicious oder
Boskop; etwa 350 g)*
6 große Tomaten (etwa 300 g)

1. Für die Coulis die Äpfel schälen und vom Kerngehäuse befreien. Das Fruchtfleisch mit den Tomaten klein schneiden, in einem Topf aufkochen und dann zugedeckt 15 Minuten bei schwacher Hitze köcheln lassen.
2. Steckrübe, Pastinake, Sellerie und Kartoffeln waschen, schälen und klein schneiden.
3. Das Gemüse mit dem Brühwürfel in einen Topf geben, knapp mit Wasser bedecken, aufkochen lassen und 15 Minuten kochen. Dann abgießen, abtropfen lassen und grob pürieren.
4. Aus der Masse kleine Küchlein (etwa drei Zentimeter groß und einen Zentimeter dick) formen und einige Minuten auf Küchenpapier trocknen lassen.
5. Die Tomaten-Apfel-Mischung vom Herd nehmen, zu einem glatten Püree verarbeiten und in eine kleine Schüssel füllen.
6. Das Öl in einer beschichteten Pfanne erhitzen, die Bratlinge darin auf jeder Seite 3–5 Minuten braten und danach auf Küchenpapier abtropfen und etwas abkühlen lassen.
7. Die Bratlinge (etwa vier Stück pro Portion) mit der Tomatensauce servieren, sodass das Baby sie mit den Fingern essen und in die Sauce tunken kann.

Meine Empfehlung

Die Bratlinge und die Coulis passen hervorragend zu Kabeljaufilet, Schwertfisch oder Seeteufelmedaillons. Den Fisch mit etwas Olivenöl beträufeln, mit etwas Salz bestreuen und im Backofen garen. Vor dem Servieren mit der Coulis überziehen und die Bratlinge dazu reichen.

Polentastäbchen mit ofengebackenen Tomaten und Paprikaschoten

Ergibt 5 Portionen

Die Polenta muss frisch zubereitet werden.

Für die Polenta
(1 Portion à etwa 150 Gramm)
50 g Maisgrieß (Polenta)
100 ml Milch
20 g Parmesan, frisch gerieben

Für das Gemüse
(5 Portionen à etwa 100 Gramm)
5 Strauchtomaten oder
20 Kirschtomaten
2 rote Paprikaschoten
1 EL Olivenöl

1. Den Backofen auf 150 °C vorheizen. Die Tomaten und die Paprikaschoten waschen. Die Paprikaschoten halbieren, die Samen und Scheidewände entfernen und das Fruchtfleisch in Streifen schneiden. Die Tomaten vierteln. Das Gemüse auf einem mit Backpapier ausgelegten Backblech verteilen, mit dem Olivenöl beträufeln und 30 Minuten auf der mittleren Schiene des Backofens garen.
2. Das gebackene Gemüse aus dem Ofen nehmen, etwas abkühlen lassen und pürieren oder grob hacken.
3. Die Milch in einem Topf zum Kochen bringen. Die Hitze reduzieren, den Maisgrieß einrieseln lassen, den Parmesan hinzufügen und dabei kräftig rühren, bis eine glatte Masse entstanden ist. Sollte die Polenta zu fest sein, noch etwas Milch dazugeben. Die Polenta anschließend in rechteckiger Form einen Zentimeter dick auf Frischhaltefolie streichen, etwas abkühlen lassen und noch lauwarm in Streifen schneiden.
4. Die Polentastäbchen mit dem Gemüse servieren. Das restliche Gemüse portionsweise einfrieren.

Meine Empfehlung

Ich serviere immer etwas von dem Tomaten-Paprika-Gemüse für uns Erwachsene nach dem Essen mit Hartkäse (reifem Comté oder Beaufort). In der Saison können Sie noch ein paar Aprikosen hinzufügen. Das schmeckt köstlich und passt nicht nur zu aromatischem Käse, sondern auch zu weißem Fleisch oder gegrilltem Lachs.

ABENDESSEN FÜR GROSS UND KLEIN: KÖSTLICHE NUDELN

Nudeln – das Lieblingsgericht (nicht nur) der Kinder

Ob Groß, ob Klein – Nudeln kann niemand widerstehen. Dachten Sie etwa, dieses Kochbuch mit Rezepten fürs Baby, das sich einer gesunden Ernährung verschrieben hat, mache da eine Ausnahme? Natürlich nicht! Ich werde Ihnen ein Geheimnis verraten: Nudeln enthalten wertvolle Nährstoffe und sind ideal für eine gesunde Ernährung. Es kommt nur auf die Menge an und darauf, was man dazu serviert. Nichts geht zum Beispiel über Nudeln mit einer selbst gemachten Tomatensauce mit Basilikum: ein Gericht, das zudem im Handumdrehen zubereitet ist, wenn es abends mal hoch hergeht, und das die Kleinen mit Begeisterung alleine essen. Wissen Sie schon, was Sie heute Abend kochen …?

Tortellini mit Ricotta und grünem Gemüse

5'   15'

Ergibt 1 Portion
à 230 Gramm

¼ Zucchini
40 g Erbsen, tiefgekühlt
20 g grüne Bohnen, in kleine
Stücke geschnitten
1 TL Olivenöl
1 TL fein gehackte Schalotte
2 EL Ricotta
1 TL fein geschnittenes Basilikum
60 g kleine Tortellini

1. Die Zucchini waschen, der Länge nach vierteln und in dünne Scheiben schneiden.
2. In einem Topf Wasser aufkochen. Zucchini, Erbsen und Bohnen hineingeben, 5–7 Minuten kochen und danach in ein Sieb abgießen.
3. Das Öl in dem Topf erhitzen und die Schalotten darin 1 Minute anschwitzen. Das Gemüse dazugeben und einige Minuten mitgaren.
4. Den Topf vom Herd nehmen, das Basilikum und den Ricotta hinzufügen, das Ganze nochmals erhitzen und danach zugedeckt beiseitestellen.
5. Die Tortellini nach Packungsanweisung kochen.
6. Die Nudeln abgießen, mit dem Gemüse mischen und lauwarm auf dem Lieblingsteller Ihres Kindes servieren.

Meine Empfehlung

Die Gemüse-Ricotta-Masse eignet sich auch gut für eine Lasagne, allerdings benötigen Sie dann mehr davon. Dazu den Boden einer Auflaufform mit frischen Lasagneblättern auslegen, eine Schicht Gemüse-Ricotta-Mischung darauf verteilen und den Vorgang so lange wiederholen, bis die Form gefüllt ist. Den Abschluss sollte eine Schicht Lasagneblätter bilden. Ricotta mit Parmesan verrühren, auf die Lasagne streichen und diese 25 Minuten im 180 °C heißen Backofen überbacken.

ABENDESSEN FÜR GROSS UND KLEIN: KÖSTLICHE NUDELN

Farfalle mit Brokkoli und Parmesan

5' 20'

Ergibt 1 Portion
à 230 Gramm

100 g Brokkoliröschen
1 EL Olivenöl
1 TL fein gehackte Schalotte
2 EL frisch geriebener Parmesan
60 g Farfalle

1. Die Brokkoliröschen waschen und klein schneiden. In einem Topf mit schwerem Boden Wasser aufkochen, den Brokkoli 5–7 Minuten darin kochen und danach abgießen.
2. Das Öl in dem Topf erhitzen und die Schalotte 1 Minute darin anschwitzen. Die Brokkoliröschen dazugeben und einige Minuten mitgaren. Den Topf vom Herd nehmen und den Parmesan unterrühren. Das Ganze erneut kurz erhitzen und dann zugedeckt beiseitestellen.
3. Die Nudeln nach Packungsanweisung kochen, dann abgießen und mit dem Brokkoli mischen. Dieses Gericht kann Ihr Kind mühelos alleine mit seiner Lieblingsgabel essen.

Meine Empfehlung

Auf diese Art können Sie Nudeln mit fast jedem grünen Gemüse zubereiten. Einen besonderen Pfiff bekommt es, wenn Sie noch einen Teelöffel abgeriebene unbehandelte Zitronenschale, einen Esslöffel Zitronensaft und ein paar klein geschnittene Salbeiblätter hinzufügen. Damit werden Sie sogar Ihre Schwiegermutter beeindrucken, wenn Sie am Sonntagabend überraschend bei Ihnen vorbeikommt.

ABENDESSEN FÜR GROSS UND KLEIN: KÖSTLICHE NUDELN

Rotelle mit Kirschtomaten und Mozzarella

5' 10'

Ergibt 1 Portion
à 230 Gramm

6 Kirschtomaten
1 EL Olivenöl
1 TL fein gehackter Knoblauch
½ Kugel Mozzarella,
fein gewürfelt
60 g Rotelle
3–4 Basilikumblätter, fein
geschnitten

1. Die Tomaten waschen und halbieren.
2. Das Öl in einem Topf mit schwerem Boden erhitzen und den Knoblauch darin 1 Minute anschwitzen. Die Tomaten hinzufügen und 5 Minuten bei mittlerer Hitze mitgaren. Dann den Topf vom Herd nehmen und den Mozzarella unterrühren. Das Ganze noch einmal sanft erhitzen, bis der Mozzarella zu schmelzen beginnt.
3. Inzwischen die Nudeln nach Packungsanweisung kochen.
4. Abgießen, mit den Tomaten mischen und mit dem Basilikum bestreuen.

Meine Empfehlung

Das Abendessen Ihres Kindes hat Ihrem Mann Appetit gemacht? Grillen Sie ein paar Scheiben Parmaschinken 5 Minuten im 250 °C heißen Backofen und servieren Sie ihm das Gericht mit zerkrümeltem Parmaschinken bestreut. Einfach köstlich!

ABENDESSEN FÜR GROSS UND KLEIN: KÖSTLICHE NUDELN

Fusilli mit Sommergemüse und Basilikum

**Für 1 Portion
(230 Gramm)**

*3 Kirschtomaten
1 Stück Zucchini (3 cm)
¼ rote Paprikaschote
1 EL Olivenöl
1 TL fein gehackter Knoblauch
60 g Fusilli
3–4 Basilikumblätter,
fein geschnitten*

1. Das Gemüse waschen. Die Tomaten vom Stielansatz befreien und halbieren. Die Zucchini in Scheiben schneiden und die Scheiben vierteln. Die Paprikaschote in kleine Stücke schneiden.
2. Das Öl in einem Topf mit schwerem Boden erhitzen und den Knoblauch darin 1 Minute anschwitzen. Das Gemüse und das Basilikum dazugeben und 10 Minuten bei mittlerer Hitze garen.
3. Die Nudeln nach Packungsanweisung kochen, anschließend abgießen und mit dem Gemüse mischen.

Meine Empfehlung

Ein paar entsteinte grüne Oliven hacken und mit einigen Scheiben scharfer Chorizo unter die Nudeln und das Gemüse mischen, und schon haben Sie ein herrliches Abendessen für die Erwachsenen, das von lauen Sommerabenden in der Provence träumen lässt.

ABENDESSEN FÜR GROSS UND KLEIN: KÖSTLICHE NUDELN

Penne mit Zuckerschoten und Pesto

1. Das Olivenöl im Mixer mit Knoblauch, Basilikum, Pinienkernen und Parmesan zu einer glatten Paste verarbeiten.
2. In einem Topf Wasser zum Kochen bringen und die Zuckerschoten 7–10 Minuten darin garen.
3. Inzwischen die Nudeln nach Packungsanweisung kochen.
4. Die Penne abgießen und mit den Zuckerschoten und dem Pesto mischen. Meine Tochter findet dieses Gericht sehr lustig, denn sie meint, die Penne seien geradezu zum Messen ihrer kleinen Finger gemacht.

Meine Empfehlung

Für die Großen das Gericht noch mit frisch gehobelten Parmesanspänen und Pinienkernen, die Sie vorher ohne Fett in einer beschichteten Pfanne geröstet haben, bestreuen.

Ergibt 1 Portion
à 230 Gramm

1 EL Olivenöl
¼ Knoblauchzehe
5–6 Basilikumblätter
1 EL Pinienkerne
1 EL frisch geriebener Parmesan
100 g Zuckerschoten, in kleine Stücke geschnitten
60 g Penne

EINE KLEINE REISE UM DIE WELT: INDIEN

Eine kleine Reise um die Welt

Dank Ihrer guten Küche hat sich Ihr Kind zu einem Gourmet entwickelt, der nach immer neuen, intensiveren Geschmackserlebnissen verlangt. Es interessiert sich für alles und erkundet Schritt für Schritt seine Umgebung. Wäre das nicht auch der geeignete Moment, ihm andere kulinarische Welten zu eröffnen? Es die Welt mit den Geschmacksknospen entdecken zu lassen? Die folgenden Rezepte zeigen, dass man sich auch in der Babyküche von fremden kulinarischen Traditionen inspirieren lassen kann und dabei trotzdem den Bedürfnissen der Kleinsten und den Empfehlungen der Kinderärzte gerecht wird. Schließlich wollen Sie den „kulinarischen Horizont" Ihres Babys stetig erweitern. Begeben wir uns also auf eine kulinarische Reise!

Dhal mit Kokosmilch und Bulgur mit Koriander

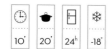

Ergibt 5 Portionen
à 200 Gramm

*Das Dhal und den Bulgur
getrennt tiefkühlen.*

Für das Dhal
*5 Tomaten
4 Karotten
300 g rote Linsen
1 EL Sonnenblumenöl
½ TL fein gehackter Knoblauch
½ Gemüsebrühwürfel
1 TL Kurkuma
½ TL Kreuzkümmel
½ TL gemahlener Ingwer
1 EL Tomatenmark
250 ml Kokosmilch*

Für den Bulgur mit Koriander
*200 g Bulgur
5 Blätter Koriandergrün,
fein geschnitten*

1. Die Tomaten und die Karotten waschen. Die Karotten putzen und in dünne Scheiben schneiden, die Tomaten in kleine Stücke schneiden.
2. Die Linsen in einem Topf mit Wasser bedecken, aufkochen lassen, zugedeckt 10 Minuten bei mittlerer Hitze kochen und danach abgießen.
3. Den Bulgur mit 400 Milliliter Wasser in einem Topf aufkochen und dann bei reduzierter Hitze etwa 10 Minuten kochen lassen, bis er das Wasser vollständig aufgesogen hat. Den Topf anschließend vom Herd nehmen und den Bulgur ruhen lassen.
4. Das Öl in einem Stieltopf erhitzen und den Knoblauch darin 1 Minute anbräunen. Das Gemüse, den Brühwürfel, die Gewürze und das Tomatenmark dazugeben und gut umrühren. Die Kokosmilch angießen, die Hitze reduzieren und das Gemüse 10 Minuten ohne Deckel köcheln lassen.
5. Das gegarte Gemüse grob pürieren und die Linsen gut unterrühren.
6. Das Koriandergrün unter den Bulgur mischen und den Bulgur mit dem Dhal servieren.

Meine Empfehlung

Schmeckt das Dhal auch den Großen? Selbstverständlich! Sie müssen das Dhal nur noch mit einer Prise Cayennepfeffer würzen und dazu ein Tandoori-Hähnchen servieren.

EINE KLEINE REISE UM DIE WELT: SPANIEN

Gemüse-Paella

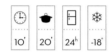

Ergibt 5 Portionen
à 200 Gramm

1 Karotte
1 rote Paprikaschote
1 grüne Paprikaschote
50 g grüne Bohnen
50 g Erbsen
100 g Maiskörner
1 TL Olivenöl
1 TL fein gehackte Schalotte
1 g Safran
½ TL Paprikapulver
1 kleine Prise Salz
200 g Basmatireis

**Für die Joghurtsauce
(nach Belieben)**
1 Becher Vollmilchjoghurt
1 Prise gemahlener Kreuzkümmel
1 TL Ketchup

1. Das Gemüse waschen. Die Karotte putzen und fein hacken. Die Paprikaschoten von Samen und Scheidewänden befreien und ebenfalls fein hacken. Die Bohnen in kleine Stücke schneiden.
2. Das Öl in einem Topf mit schwerem Boden erhitzen. Die Schalotte, die Gewürze, das Salz und den Reis hineingeben und 1–2 Minuten unter Rühren anbraten, bis der Reis glasig wird.
3. Das zerkleinerte Gemüse, die Erbsen und den Mais dazugeben, 400 Milliliter Wasser angießen, aufkochen und dann zugedeckt etwa 15 Minuten bei schwacher Hitze köcheln lassen, bis der Reis die Flüssigkeit vollständig aufgesogen hat.
4. Wenn Sie mögen, können Sie eine kalte Joghurtsauce dazu servieren. Dazu einfach etwas Kreuzkümmel und einen kleinen Löffel Ketchup unter einen Becher Joghurt rühren.

Meine Empfehlung

Die Gemüse-Paella lässt sich mühelos in eine richtige Paella für die Erwachsenen verwandeln. Die Paella einfach in einem Schmortopf zubereiten und außer den angegebenen Gewürzen noch eine Prise Piment d'Espelette hinzufügen. Außerdem vor dem Kochen noch etwas klein geschnittenes und vorher in der Pfanne angebräuntes Hähnchenfleisch, ein paar Garnelen oder Kalmare und große Miesmuscheln dazugeben. Mit einem leicht moussierenden trockenen Weißwein – vielleicht einem spanischen Pescador – servieren. Safran ist Ihnen ein bisschen zu teuer? Dann ersetzen Sie ihn durch einen Teelöffel Kurkuma.

EINE KLEINE REISE UM DIE WELT: JAPAN

Sautiertes Gemüse mit Soba-Nudeln

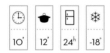

*Ergibt 5 Portionen
à 200 Gramm*

*150 g grüne Bohnen
150 g Erbsen
150 g Brokkoliröschen
50 g Mangoldblätter oder frischer
junger Spinat
200 g Soba-Nudeln, in kleine
Stücke gebrochen
1 EL Sonnenblumenöl
½ TL fein gehackter Knoblauch
1 EL flüssiger Honig
1 EL Sojasauce
1 EL Zitronensaft
4–5 Blätter Koriandergrün, fein
gehackt*

1. Das Gemüse waschen und, außer den Erbsen, in mundgerechte Stücke schneiden.
2. In einem Topf Wasser zum Kochen bringen und die Nudeln mit dem Gemüse – bis auf den Mangold oder Spinat – 4–5 Minuten kochen, bis die Nudeln al dente sind. Anschließend abgießen und beiseitestellen.
3. Das Öl in einem Schmortopf erhitzen und den Knoblauch 1 Minute darin anbräunen. Die Nudeln und das Gemüse dazugeben und 5 Minuten unter Rühren braten.
4. Honig, Sojasauce, Zitronensaft, den Mangold oder Spinat und den Koriander hinzufügen und das Ganze weitere 2 Minuten kochen lassen. Lauwarm auf Babys Lieblingsteller servieren.

Meine Empfehlung

Für die Erwachsenen noch 200 Gramm hauchdünn geschnittenes Rindfleisch und eine Prise Cayennepfeffer hinzufügen, und schon haben Sie ein schmackhaftes, ausgewogenes Abendessen.

EINE KLEINE REISE UM DIE WELT: THAILAND

Mildes Gemüsecurry mit Thai-Reis

Ergibt 5 Portionen
à 200 Gramm

*Den Reis und das Curry getrennt
aufbewahren.*

1 große Süßkartoffel
2 Karotten
1 Stück (150 g) Kürbis
½ gelbe Paprikaschote
1 TL Sonnenblumenöl
½ TL fein gehackter Knoblauch
250 ml Kokosmilch
1 TL Limettensaft
1 TL Rohrohrzucker
½ TL gemahlener Ingwer
1 kleine Prise Salz
*4–5 Blätter Koriandergrün, fein
gehackt*
200 g Jasmin- oder Duftreis

1. Das Gemüse waschen, falls nötig schälen oder putzen und klein schneiden. In einem Topf Wasser zum Kochen bringen. Das zerkleinerte Gemüse 5 Minuten darin garen, abgießen und beiseitestellen.
2. Das Öl in einem Topf mit schwerem Boden erhitzen und den Knoblauch 1 Minute darin anbräunen. Das Gemüse, die Kokosmilch, den Limettensaft, den Zucker, die Gewürze und den Koriander hinzufügen und zugedeckt 10 Minuten köcheln lassen.
3. Inzwischen den Reis nach Packungsanweisung garen.
4. Das Gemüsecurry mit dem Reis servieren.

Meine Empfehlung

Für das Curry können Sie auch anderes Gemüse verwenden, am besten feste Gemüsesorten wie Wurzelgemüse. Für die Erwachsenen das Gericht einfach noch mit etwas Chili oder Currypaste und frisch geriebenem Ingwer würzen.

Chiara, 20 Monate

Vera, 16 Monate

Desserts & Gebäck für Groß und Klein

für Kinder von 1–99 Jahren

DESSERTS & GEBÄCK FÜR GROSS UND KLEIN

Knuspriger Fruchtgenuss

Oben knusprig, unten saftig und zart. Getreideflocken und frisches Obst stecken nicht nur voller Vitamine, Ballast- und Mineralstoffe, für Ihr Kind ist dieser kleine Knuspergenuss obendrein ein Quell neuer Geschmackserlebnisse. Und es macht ihm einen Riesenspaß, diesen „Große-Leute-Imbiss" ganz alleine zu essen: Das Kind pickt die zarten Fruchtstücke unter dem knusprigen Müsli hervor und schiebt sie mit seinen kleinen Fingern in den Mund. Ich bereite diese „Müsli-Crumbles" gerne in stabilen Einweg-Muffinformen aus Papier zu, damit man sie in der Mikrowelle erhitzen oder bei einem Picknick kalt genießen kann. Möchten Sie Ihrem Kind etwas besonders Gutes tun? Dann servieren Sie doch noch eine Kugel Vanilleeis dazu. Wehe, wenn ihm die jemand stibitzt!

Müsli-Crumble mit Banane und Mango

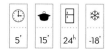

5' | 15' | 24ʰ | -18°

Ergibt 12 Stück

2 Bananen
12 Scheiben Mango (ohne Schale)
300 g Müsli mit Rosinen
25 g Butter
1 TL flüssiger Honig

12 große Muffinformen aus Papier oder 1 Muffinblech

1. Den Backofen auf 210 °C vorheizen.
2. Die Bananen schälen und in Scheiben schneiden. Die Mangoscheiben auf die Muffinformen verteilen und die Bananenscheiben darauflegen.
3. Das Müsli mit der Butter verkneten, auf den Früchten verteilen und mit einigen Tropfen Honig beträufeln.
4. Die Müsli-Crumbles 15 Minuten auf der mittleren Schiene des heißen Backofens backen. Dabei darauf achten, dass die Müslistreusel nicht zu dunkel werden, falls nötig die Formen gegen Ende der Backzeit mit Alufolie abdecken.
5. Die Müsli-Crumbles aus dem Ofen nehmen und abkühlen lassen. Lauwarm servieren oder in Gefrierbeutel verpacken und einfrieren.

Meine Empfehlung

Anstelle der Mango können Sie diese exotischen Müsli-Crumbles auch mit Ananas oder Litschis zubereiten.

DESSERTS & GEBÄCK FÜR GROSS UND KLEIN

Müsli-Crumble mit Mirabellen und Schokolade

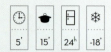

5' | 15' | 24ʰ | -18°

Ergibt 12 Stück

12–15 Mirabellen
1 EL Zucker
300 g Knuspermüsli mit Schokoladenstückchen
25 g Butter
1 TL flüssiger Honig

12 große Muffinformen aus Papier oder 1 Muffinblech

1. Den Backofen auf 210 °C vorheizen.
2. Die Mirabellen waschen, vom Stein befreien und vierteln. Die Früchte auf die Muffinformen verteilen und mit Zucker bestreuen.
3. Das Müsli darauf verteilen, mit Butterflöckchen besetzen und mit ein paar Tropfen Honig beträufeln.
4. Die Müsli-Crumbles 15 Minuten auf der mittleren Schiene des heißen Backofens backen. Dabei darauf achten, dass die Müslistreusel nicht zu dunkel werden, falls nötig die Formen gegen Ende der Backzeit mit Alufolie abdecken.
5. Die Müsli-Crumbles aus dem Ofen nehmen und abkühlen lassen. Lauwarm servieren oder in Gefrierbeutel verpacken und einfrieren.

Meine Empfehlung

Sie haben kein Knuspermüsli mit Schokoladenstückchen bekommen? Macht nichts. Wenn Sie trotzdem nicht auf die Schokolade verzichten wollen, einfach ein paar Stückchen Ihrer Lieblingssorte fein hacken und unter das Müsli mischen.

Müsli-Crumble mit Himbeeren und Minze

5' | 15' | 24ʰ | -18°

Ergibt 12 Stück

500 g Himbeeren
1 EL Zucker
6 Blätter Minze
300 g Knuspermüsli mit Trocken-
früchten
25 g Butter
1 TL flüssiger Honig

12 große Muffinformen
aus Papier oder 1 Muffinblech

1. Den Backofen auf 210 °C vorheizen.
2. Die Himbeeren auf die Muffinformen verteilen und mit dem Zucker bestreuen. Die Minze fein schneiden und über die Früchte streuen.
3. Die Himbeeren mit dem Knuspermüsli bedecken, mit Butterflöckchen besetzen und mit 1–2 Tropfen Honig beträufeln.
4. Die Müsli-Crumbles 15 Minuten auf der mittleren Schiene des heißen Backofens backen. Dabei darauf achten, dass die Müslistreusel nicht zu dunkel werden, falls nötig die Formen gegen Ende der Backzeit mit Alufolie abdecken.
5. Die Müsli-Crumbles aus dem Ofen nehmen und abkühlen lassen. Lauwarm servieren oder in Gefrierbeutel verpacken und einfrieren.

Meine Empfehlung

Die Himbeeren kann man durch Erdbeeren oder Heidelbeeren ersetzen. Für ein schnelles Dessert, das nicht gebacken werden muss, die Früchte in kleine Gläser füllen, mit etwas Quark bedecken, mit Honig beträufeln und zum Schluss das Knuspermüsli darüberstreuen. Ein schnelles und ausgesprochen leckeres Dessert.

DESSERTS & GEBÄCK FÜR GROSS UND KLEIN

Melonen-Pfirsich-Spieße

5'

Ergibt 2 Spieße

*2 Scheiben Charentais-Melone
(etwa 100 g)
1 gelbfleischiger Pfirsich*

1. Die Melone schälen, die Kerne entfernen und das Fruchtfleisch in Würfel schneiden.
2. Den Pfirsich waschen, den Stein entfernen und das Fruchtfleisch in Würfel schneiden.
3. Die Würfel abwechselnd auf zwei Holzspieße stecken.
4. Die Spitzen der Spieße mit einer Schere abschneiden, bevor Sie die Melonen-Pfirsich-Spieße Ihrem Kind servieren.

DESSERTS & GEBÄCK FÜR GROSS UND KLEIN

Erdbeer-Himbeer-Spieße

5'

Ergibt 2 Spieße

*10 Erdbeeren
10 große Himbeeren*

1. Die Erdbeeren waschen, entstielen und halbieren.
2. Die Himbeeren, falls nötig, mit einem Tuch säubern.
3. Die Beeren abwechselnd auf zwei Spieße stecken.
4. Die Spitzen der Spieße mit einer Schere abschneiden, bevor Sie die Erdbeer-Himbeer-Spieße Ihrem Kind servieren.

DESSERTS & GEBÄCK FÜR GROSS UND KLEIN

Mango-Bananen-Spieße

5'

Ergibt 2 Spieße

½ Mango
1 Banane

1. Eine Mango halbieren. Eine Hälfte in Frischhaltefolie wickeln und im Kühlschrank aufbewahren. Das Fruchtfleisch der anderen Hälfte mit einem Messer in Rauten schneiden, ohne die Schale zu verletzen. Die Schale umstülpen und die Fruchtstücke mit dem Messer von der Schale lösen.
2. Die Banane schälen und in Scheiben schneiden.
3. Mangostücke und Bananenscheiben abwechselnd auf zwei Spieße stecken und die Spitzen der Spieße abschneiden.

DESSERTS & GEBÄCK FÜR GROSS UND KLEIN

Trauben-Clementinen-Spieße

5'

Ergibt 2 Spieße

10 kernlose weiße Trauben
1 Clementine

1. Die Trauben waschen. Große Früchte halbieren.
2. Die Clementine schälen und die weiße Haut möglichst vollständig entfernen.
3. Trauben und Fruchtfilets abwechselnd auf zwei Spieße stecken und die Spitzen der Spieße mit einer Schere abschneiden.

Joghurt-Zitronen-Kuchen

Ergibt 1 Kuchen

100 g Naturjoghurt
150 g Zucker
1 Päckchen Vanillezucker
2 Eier
50 g Butter, zerlassen
1 kleine Prise Salz
300 g Mehl
2 TL Backpulver
Saft von 1 Zitrone

1. Den Backofen auf 180 °C vorheizen.
2. Den Joghurt mit dem Zucker und Vanillezucker verrühren.
3. Die Eier aufschlagen und kräftig unter den Joghurt rühren.
4. Butter und Salz unterrühren. Dann nach und nach das mit dem Backpulver vermischte Mehl unterarbeiten, bis ein glatter Teig entstanden ist. Zum Schluss den Zitronensaft unterrühren.
5. Den Teig in eine Silikonform oder eine mit Butter eingefettete Springform füllen und 45 Minuten backen.
6. Mit einem Holzspieß in der Mitte einstechen, um zu prüfen, ob der Kuchen durchgebacken ist. Wenn kein Teig mehr am Spieß haftet, ist der Kuchen fertig. Den Kuchen einige Minuten abkühlen lassen und danach aus der Form stürzen. Lauwarm mit einem Früchtespieß (siehe Seiten 156–157) servieren.

Meine Empfehlung

Zur Abwechslung den Zitronensaft entweder durch drei Esslöffel Kakaopulver, durch Orangensaft oder durch 100 Gramm tiefgekühlte Himbeeren ersetzen.

DESSERTS & GEBÄCK FÜR GROSS UND KLEIN

Mini-Muffins »Maya«

Ergibt 20 Muffins

4 Eier
200 g Zucker
1 Päckchen Vanillezucker
1 Päckchen Backpulver
300 g Mehl

20 kleine Papier-Muffinformen

1. Den Backofen auf 175 °C vorheizen.
2. Die Eier gut mit dem Zucker und Vanillezucker verschlagen.
3. Sechs Esslöffel Wasser hinzufügen und weiterschlagen. Das mit dem Backpulver vermischte Mehl nach und nach dazugeben und alles zu einem glatten Teig verrühren.
4. Die Muffinförmchen auf ein Backblech stellen, zur Hälfte mit dem Teig füllen und auf der mittleren Schiene des Backofens 15 Minuten backen.
5. Mit einem Holzspieß in die Mitte der Muffins stechen, um zu prüfen, ob sie durchgebacken sind. Sie sind fertig, wenn kein Teig mehr am Spieß haftet.
6. Die Muffins aus dem Ofen nehmen, auf einem Kuchengitter etwas abkühlen lassen und lauwarm mit Fruchtspießen (siehe Seiten 156–157) servieren.

Meine Empfehlung

Den Muffinteig noch mit 50 Gramm gemahlenen Mandeln anreichern. Einfach köstlich, aber nur für Kinder über einem Jahr geeignet, die nicht zu Allergien neigen.

DESSERTS & GEBÄCK FÜR GROSS UND KLEIN

Haferflocken-Cookies mit Rosinen

Ergibt 16–20 Cookies

100 g Butter
300 g Haferflocken
150 g Rohrohrzucker
150 g Rosinen
200 g Mehl

1. Die Butter zerlassen. Den Backofen auf 180 °C vorheizen.
2. Die Haferflocken in eine Schüssel füllen, mit der Butter übergießen und umrühren.
3. Den Zucker und die Rosinen hinzufügen und nach und nach das Mehl untermischen. Fünf Esslöffel Wasser dazugeben und so lange rühren, bis ein fester Teig entstanden ist.
4. Kleine Kugeln aus dem Teig formen und im Abstand von fünf Zentimeter auf ein mit Backpapier ausgelegtes Backblech setzen. Die Kugeln etwas flach drücken und etwa 10 Minuten auf der mittleren Einschubleiste des Backofens backen.
5. Die fertigen Cookies aus dem Ofen nehmen und auf einem Kuchengitter auskühlen lassen. Mit Fruchtspießen (siehe Seiten 156–157) servieren.

Meine Empfehlung
Lust auf eine kleine Sünde? Dann ersetzen Sie die Rosinen doch einmal durch Schokoladensplitter … Sie müssen es ja niemandem verraten!

DESSERTS & GEBÄCK FÜR GROSS UND KLEIN

Obstsandwichs

Weil es nichts Schöneres gibt als ein kleines Kind, das mit großer Freude vor seinem Teller sitzt, habe ich mir diese Obstsandwichs ausgedacht, mit denen ich bei meinen Kindern und ihren Freunden viel Beifall geerntet habe. Im Vordergrund steht dabei natürlich die spielerische Seite. Aber auch der gesundheitliche Aspekt kommt nicht zu kurz. Stecken in den frischen Früchten doch jede Menge Vitamine, Mineral- und Ballaststoffe. Und auch das vielfältige Angebot an gesunden Vollkornbroten sorgt für ständig neue Geschmackserlebnisse. Für Ihr Baby, für das es in dieser Entdeckungsphase nichts Schöneres gibt, als Dinge verschwinden und wieder auftauchen zu sehen, wird das Essen so zu einem vergnüglichen Versteckspiel. Und wenn es ihm auch noch gelingt, die kleinen Sandwichs selbst zu halten, ist das ein Riesenschritt auf dem Weg zur Selbstständigkeit.

Grundrezept

Ergibt 1 Obstsandwich

Kann einige Stunden in einem Frischhaltebeutel aufbewahrt werden.

2 Scheiben Vollkornbrot oder Vollkorntoast
1 Stückchen Butter
1 der vier Garnituren von Seite 164/165

1. Die Brotscheiben auf einer Seite mit der Butter bestreichen.
2. Die gebutterte Seite einer Brotscheibe mit einer der Garnituren von Seite 164/165 belegen und die zweite Scheibe mit der gebutterten Seite nach unten darauflegen.
3. Das Sandwich in einen Sandwichtoaster legen und wie in der Betriebsanleitung angegeben (etwa 3 Minuten) toasten.
4. Das getoastete Sandwich etwas abkühlen lassen und dann diagonal halbieren.
5. Ihr Kind kann diese Sandwichs zu Hause, bei einem Picknick, auf Reisen … ganz alleine wie ein Großer essen. Der praktischste Imbiss, den man sich vorstellen kann.

Unverzichtbar
Sandwichtoaster sind in Haushaltswarengeschäften ab etwa 15 Euro erhältlich. Oder Sie bringen sich aus Ihrem nächsten Frankreichurlaub ein Croque-Monsieur-Eisen mit.

Meine Empfehlung
Wenn Sie die Obstsandwichs zu einem Picknick mitnehmen wollen, das Brot gut abkühlen lassen und danach in Alufolie verpacken, vorher aber nicht halbieren, damit die Garnitur nicht herausfällt.

DESSERTS & GEBÄCK FÜR GROSS UND KLEIN

Apfel-Bananen-Garnitur

½ Apfel
½ Banane

1. Den Apfel waschen, halbieren und das Kerngehäuse entfernen. Das Fruchtfleisch raspeln und mit den Händen ausdrücken, damit der Saft das Brot nicht aufweicht.
2. Die Banane schälen und in Scheiben schneiden.
3. Den geraspelten Apfel und die Bananenscheiben auf einer mit Butter bestrichenen Brotscheibe verteilen, die zweite Scheibe auflegen und wie im Grundrezept beschrieben toasten.

DESSERTS & GEBÄCK FÜR GROSS UND KLEIN

Mango-Litschi-Garnitur

3 Litschis, entsteint
4 Mangoscheiben

1. Die Litschis einige Minuten auf Küchenpapier abtropfen lassen, damit ihr Saft das Brot später nicht aufweicht.
2. Eine mit Butter bestrichene Brotscheibe mit den Mangoscheiben belegen, die Litschis darauf verteilen, die zweite Brotscheibe auflegen und wie im Grundrezept beschrieben toasten.

DESSERTS & GEBÄCK FÜR GROSS UND KLEIN

Birnen-Vanille-Garnitur

½ Birne
1 Vanilleschote

5' 3'
24h -18°

1. Eine Birne halbieren und das Kerngehäuse entfernen. Eine Hälfte in Frischhaltefolie verpackt im Kühlschrank aufbewahren. Die zweite Hälfte in dünne Scheiben schneiden.
2. Die Vanilleschote der Länge nach aufschlitzen und das Mark mit einem Messer herauskratzen.
3. Eine mit Butter bestrichene Brotscheibe mit den Birnenscheiben belegen, das Vanillemark darauf verteilen, die zweite Scheibe auflegen und wie im Grundrezept beschrieben toasten.

DESSERTS & GEBÄCK FÜR GROSS UND KLEIN

Feigen-Honig-Garnitur

1 reife Feige
1 TL Honig

5' 3'
24h -18°

1. Die Feige halbieren und das Fruchtfleisch herauslösen. Die Schale wegwerfen.
2. Das Fruchtfleisch auf einer mit Butter bestrichenen Brotscheibe verteilen und mit dem Honig beträufeln. Die zweite Brotscheibe auflegen und wie im Grundrezept beschrieben toasten.

DESSERTS & GEBÄCK FÜR GROSS UND KLEIN

Der erste Geburtstag

Mit einem Regen von Speicheltröpfchen bläst Ihr Kind seine erste Geburtstagskerze aus. Ein ebenso unvergesslicher Augenblick wie das erste Zähnchen, die ersten Worte und die ersten Schritte. Und nach zwölf Monaten ist nun auch das nachmittägliche Apfel-Bananen-Püree passé. Und das nicht nur zur Feier seines Geburtstags. Am ersten Geburtstag dürfen Sie Ihr Kind getrost mit einem richtigen Geburtstagskuchen und ein paar besonderen Leckereien verwöhnen – auch wenn sie nicht ganz den Vorschriften einer gesunden Ernährung entsprechen. Hier bekommen Sie ein echtes Familienrezept, meinen Lieblingsgeburtstagskuchen, mit dem ich schon die Geburtstage meiner Tochter, meiner Nichten und Neffen – und ihrer Eltern – versüßt habe. Aber passen Sie auf, dass die kleinen Gäste nicht zu viel davon in sich hineinstopfen …!

Großmutters Geburtstagskuchen

Ergibt 1 Kuchen
(8–10 Stücke)

Fertigstellung: 10 Minuten

Für den Teig
4 Eier
200 g Zucker
1 Päckchen Vanillezucker
1 Päckchen Backpulver
300 g Mehl

Für die Garnitur
2 Vanilleschoten
400 ml Sahne
1 Päckchen Vanillezucker
6 EL Himbeer- oder Erdbeer-konfitüre
500 g frische Himbeeren

und eine Geburtstagskerze!

1. Den Backofen auf 175 °C vorheizen. Die Eier in einer Schüssel kräftig mit dem Zucker und Vanillezucker verschlagen. Sechs Esslöffel Wasser hinzufügen und unterschlagen. Das mit dem Backpulver vermischte Mehl nach und nach unterrühren.
2. Den Teig in eine runde Form (möglichst eine Silikonform) füllen und 45 Minuten auf der mittleren Einschubleiste des Backofens backen. Mit einem Holzspieß in der Mitte einstechen, um zu prüfen, ob der Teig durchgebacken ist. Wenn kein Teig mehr an dem Spieß kleben bleibt, ist der Boden fertig. Den Boden dann aus dem Ofen nehmen, in der Form auskühlen lassen und danach auf ein Kuchengitter stürzen.
3. Die Vanilleschoten der Länge nach aufschlitzen und das Mark mit einem Messer herauskratzen.
4. Die Sahne mit dem Vanillezucker und -mark in eine gut gekühlte Schüssel geben und mit dem Handmixer steif schlagen.
5. Den erkalteten Boden zweimal waagerecht durchschneiden, sodass Sie drei je einen Zentimeter dicke Kuchenböden haben.
6. Den oberen Kuchenboden mit der Schnittfläche nach oben auf eine Platte oder einen großen Teller legen, mit zwei Esslöffeln Konfitüre bestreichen und eine Schicht Sahne und ein Drittel der Himbeeren darauf verteilen. Den zweiten Kuchenboden auflegen, den Vorgang noch einmal wiederholen und mit einem Kuchenboden abschließen.
7. Den Kuchen mit Sahne überziehen, mit Himbeeren verzieren und die Kerze hineinstecken. Den Kuchen vor dem Servieren 1 Stunde ruhen lassen.

DESSERTS & GEBÄCK FÜR GROSS UND KLEIN

Schokopralinen mit Trockenfrüchten

Ergibt 20 Pralinen

10 ungeschwefelte getrocknete Aprikosen
100 g Rosinen
4 Backpflaumen
100 g Vollmilchschokolade

20 Papierförmchen (etwa 2 cm Durchmesser)

1. Die Papierförmchen auf eine kleine Platte stellen.
2. Die Trockenfrüchte hacken.
3. Die Schokolade in eine Metallschüssel geben und auf einen mit Wasser gefüllten Topf stellen. Das Wasser bis kurz vor den Siedepunkt erhitzen und die Schokolade schmelzen lassen. Dabei gelegentlich rühren.
4. Die Trockenfrüchte in die geschmolzene Schokolade geben und gut unterrühren, bis sie mit der Schokolade überzogen sind.
5. Mit zwei Teelöffeln kleine Portionen von der Masse abstechen und auf die Förmchen verteilen.
6. Die Pralinen sofort in den Kühlschrank stellen und vor dem Servieren 2 Stunden fest werden lassen.

Meine Empfehlung

Ich mache von diesen Schokopralinen immer auch eine Variante für die Erwachsenen mit gehackten Haselnüssen und Zartbitterschokolade. Sie passen hervorragend zum Kaffee nach einem guten Essen und sind weitaus gesünder als Schokoladentrüffeln.

DESSERTS & GEBÄCK FÜR GROSS UND KLEIN

Fruchtlutscher mit Karamell

Ergibt 20 Lutscher

20 Erdbeeren
3 süßsäuerliche Äpfel
(vorzugsweise Royal Gala
oder Pink Lady)
250 g Zucker

20 Holzspieße

1. Die Erdbeeren waschen und entstielen. Die Äpfel waschen, die Kerngehäuse entfernen und das Fruchtfleisch in kleine Würfel schneiden. Auf jeden Spieß eine Erdbeere und zwei Apfelwürfel stecken und die Spitzen der Spieße mit einer Schere abschneiden.
2. Alle Kinder aus der Küche schicken und den – sehr heißen – Karamell herstellen. Dazu den Zucker mit 150 Milliliter kaltem Wasser in einem Topf aufkochen lassen, ohne umzurühren. Sobald der Zucker Farbe annimmt, vorsichtig umrühren. Wenn ein goldgelber Karamell entstanden ist, den Topf vom Herd nehmen und sofort in kaltes Wasser stellen, um den Kochvorgang zu stoppen.
3. Die Früchte nacheinander in den flüssigen Karamell tauchen (das muss schnell gehen, denn der Karamell wird schnell fest) und danach zum Erkalten auf eine mit Backpapier ausgelegte Platte legen.
4. Die Lutscher in ein Glas stecken, so können sich die Kinder selbst bedienen.

Meine Empfehlung

Für diese Lutscher eignen sich alle festen, säuerlichen Früchte. Probieren Sie auch einmal Melone, Nektarine oder Aprikose.

DESSERTS & GEBÄCK FÜR GROSS UND KLEIN

Biskuitrolle mit Himbeeren

Ergibt 1 Rolle (10 Stücke)

3 Eier
150 g Zucker
200 g Mehl
2 TL Backpulver
50 ml Milch
500 g Himbeeren, zerdrückt

1. Den Backofen auf 200 °C vorheizen.
2. Die Eier in einer Schüssel kräftig – am besten mit dem Handmixer – mit dem Zucker aufschlagen, bis eine luftige Masse entstanden ist.
3. Das Mehl mit dem Backpulver mischen und unterrühren, zum Schluss vorsichtig die Milch unterziehen, sodass ein glatter Teig entsteht.
4. Den Teig in eine rechteckige, mit Backpapier ausgelegte Form (30 × 40 Zentimeter) oder ein Backblech füllen und 8 Minuten auf der mittleren Schiene des Ofens backen.
5. Den fertigen Biskuit aus dem Ofen nehmen und auf der Arbeitsfläche auf ein Stück Pergamentpapier oder ein sauberes Geschirrtuch legen. Die Himbeeren auf dem Teig verteilen und diesen mithilfe des Pergamentpapiers oder Tuchs aufrollen.
6. Die Roulade mit der Naht nach unten in den Kühlschrank legen und 1 Stunde ruhen lassen.
7. Den Kuchen in etwa zwei Zentimeter dicke Scheiben schneiden und servieren.

Meine Empfehlung

Sie bekommen keine frischen Himbeeren? Dann ersetzen Sie sie einfach durch ein Apfel-Bananen-, ein Mango-Litschi- oder ein anderes dickes Fruchtpüree.

Häufig gestellte Fragen
&
ökotrophologische
Kurzporträts der wichtigsten
Lebensmittel

DR. JEAN LALAU KERALY
FACHARZT
FÜR KINDERHEILKUNDE, KINDER-
ERNÄHRUNG
UND ENDOKRINOLOGIE

Obst

Ich schäle das Obst meistens. Ist das gut für mein Kind?

Man sollte bedenken, dass die in den Früchten enthaltenen Vitamine und Mineralstoffe vor allem in und unmittelbar unter der Schale sitzen. Schält man das Obst mit einem Messer, schneidet man immer auch Fruchtfleisch weg, und damit gehen Nährstoffe verloren. Kaufen Sie nach Möglichkeit unbehandeltes Obst aus biologischem Anbau, denn Pestizide lassen sich kaum mehr vollständig von der Schale entfernen. In jedem Fall sollten Sie die Früchte vor dem Genuss gründlich waschen. Und wenn sie unansehnlich aussieht, schaben Sie die Schale von Obst und Gemüse dünn mit einem scharfen Messer ab.

Einige Pürees werden aus rohem Obst und Gemüse hergestellt. Kann ich sie meinem Kind geben?

Wenn Sie mit der Nahrungsumstellung beginnen, sollte das Kind noch kein rohes Obst bekommen, denn es ist nicht so gut verdaulich wie gekochte Früchte. Hat sich Ihr Kind aber erst einmal gut an die neue Nahrung gewöhnt (gegen Ende des 6. Lebensmonats), sind rohe Früchte – die allerdings richtig reif sein müssen – nicht nur hinsichtlich ihres Nährstoffgehalts, sondern auch aus sensorischer Sicht geradezu ideal. Mit aromatischem Pfirsich- oder Melonenfruchtfleisch lernt Ihr Baby, dass Essen ein Vergnügen ist!

Ist es ratsam, dem Kind abends Obst zu geben?

Sie spielen zweifellos darauf an, dass davon abgeraten wird, Kindern abends glukosehaltige Nahrung zu geben, weil sie aufgrund ihrer stimulierenden Wirkung den Schlaf beeinträchtigen kann. Dazu sollten Sie wissen, dass Fruchtzucker (Fructose) keineswegs die gleichen Nachteile hat wie Glukose, die beispielsweise in Süßigkeiten enthalten ist. Fruchtzucker regt die Verdauung an und ist deshalb sogar hervorragend geeignet, um für einen gesunden Schlaf zu sorgen.

Sind mit Milchprodukten gemischte Früchte für mein Kind nicht zu schwer verdaulich?

Sie spielen gewiss darauf an, dass sowohl Milch als auch rohe Früchte für kleine Kinder relativ schwer verdaulich sind und die Kombination von beidem für das Kleine deshalb gefährlich sein könnte. Keine Sorge: Zum einen können Sie eine den Bedürfnissen Ihres Kindes angepasste Säuglingsmilch verwenden, zum anderen können Kinder ab dem 6. Lebensmonat rohes Obst problemlos verdauen, wenn man es püriert.

Kann Aprikosenpüree Bauchschmerzen verursachen?

Aprikosen sind etwas säuerlich, aber wenn man vollreife Früchte kauft, gibt es keinen Anlass zur Sorge. Die Aprikose gehört mit zu den ersten Früchten, die man kleinen Kindern gibt, weil sie eine ausgesprochen milde Frucht ist. Die Säure regt die Magensaftsekretion an und fördert so die Verdauung. Und ihre löslichen Ballaststoffe sind für den empfindlichen Darm von Säuglingen besonders gut verträglich.

Welche Vorzüge haben getrocknete Aprikosen aus ernährungswissenschaftlicher Sicht für mein Baby?

Wie alle Trockenfrüchte sind getrocknete Aprikosen reich an Ballaststoffen, Vitaminen und Spurenelementen. Sie enthalten fünfmal so viel Kohlenhydrate als frisches Obst, und das macht sie zu einem hervorragenden Energielieferanten. Speziell getrocknete Aprikosen sind reich an Betacarotin, Kalium und Eisen und besitzen antioxidative Eigenschaften. Achten Sie aber darauf, ungeschwefelte Früchte zu kaufen.

Können exotische Früchte Allergien auslösen?

Ein Hoch auf die „Exoten"! Auch wenn man lange das Gegenteil behauptet hat: Neuere Studien belegen, dass das Risiko von Allergien bei exotischen Früchten nicht größer ist als bei anderem Obst. Zudem haben diese außerordentlich vitaminreichen Früchte den Vorteil, dass sie auch im Winter in hervorragender Qualität verfügbar sind, wenn das Angebot an heimischen Früchten sehr gering ist. Außerdem lassen sie sich gut mit salzigen Zutaten kombinieren und eignen sich deshalb hervorragend, um Babys an neue Geschmacksrichtungen heranzuführen.

Ist ein Mango-Bananen-Püree nicht zu exotisch für ein Baby?

Exotisch gewiss, fragt sich nur aus wessen Sicht? Für ein kleines Kind auf Martinique ist ein Apfel-Birnen-Püree ebenso exotisch. Mangos und Bananen sind bei der Nahrungsumstellung als erste Früchte sehr zu empfehlen, denn das Risiko von Allergien ist bei ihnen nicht größer als bei heimischem Obst. Davon, ganz kleinen Kindern als Erstes ein selbst gemachtes Ananaspüree zu geben, ist allerdings abzuraten, und das nicht wegen des Allergierisikos, sondern wegen der faserigen Konsistenz des Fruchtfleischs.

Sind Kirschen für ganz kleine Kinder geeignet?

Die Kirsche ist eine Steinfrucht und keine Beere, sodass sie kein größeres Allergierisiko in sich birgt als viele andere Früchte auch. Allerdings sollte man bezüglich der Steine aufpassen und den Kleinsten vorsichtshalber entsteinte Früchte geben.

Ich reagiere allergisch auf Himbeeren. Sollte ich sie deshalb auch meinem Kind nicht geben?

Man verwechselt häufig Allergie und Unverträglichkeit. Nur bei sehr wenigen Menschen lösen bestimmte Lebensmittel tatsächlich eine Allergie aus, die mit einer heftigen Reaktion wie Atemnot, Schwellungen, Erbrechen einhergeht und sich bis zu 30 Minuten nach dem Genuss des betreffenden Nahrungsmittels einstellt. Dagegen kann es Zeiten im Leben geben, wo man bestimmte Nahrungsmittel nicht verträgt, was sich aber auch wieder legen kann. Himbeeren setzen Histamine frei, die wir alle in unserem Körper haben. Bestimmte Nahrungsmittel können, allein oder in Kombination mit anderen Lebensmitteln, bei einer Mahlzeit einen Histaminschub auslösen, der beispielsweise rote Flecken verursacht. Dabei handelt es sich jedoch keineswegs um eine Allergie. Sie sollten deshalb lediglich behutsam vorgehen, wenn Sie dieses neue Lebensmittel einführen. Wenn Sie feststellen, dass Ihr Kind es gut verträgt, gibt es keinen Grund, es ihm vorzuenthalten.

Können Heidelbeeren Allergien auslösen?

Die Heidelbeere ist eine Beere und steht deshalb im Ruf, ein Allergieauslöser zu sein. Zahlreiche Studien haben jedoch gezeigt, dass Beeren für Säuglinge kein höheres Allergierisiko bergen als andere Früchte – es sei denn, das Kind neigt zu Allergien. Sie können ihm also unbesorgt Heidelbeeren anbieten. Seien Sie lediglich aufmerksam, wenn Sie die Beeren einführen.

Ich habe gehört, dass Erdbeeren nur schwer zu säubern sind. Kann ich sie meinem Kind trotzdem geben?

Tatsächlich ist die Erdbeere nur schwer zu säubern, da sie mit kleinen Kernen besetzt ist, an denen Schmutz haftet. Deshalb sollten Schwangere, wegen des bestehenden Toxoplasmose-Risikos, keine Erdbeeren essen. Doch keine Sorge: Die Erdbeeren für die ganz Kleinen in diesem Buch werden gekocht. Es besteht also keine Gefahr für Ihr Baby.

DR. JEAN LALAU KERALY
FACHARZT
FÜR KINDERHEILKUNDE, KINDER-
ERNÄHRUNG
UND ENDOKRINOLOGIE

Gemüse

Sollte ich das Gemüse für mein Kind immer schälen?

Man kann das Gemüse durchaus schälen, sollte sich dabei aber vor Augen halten, dass sich die Vitamine zum großen Teil in der Schale und unmittelbar darunter befinden. Wenn man das Gemüse großzügig schält, entzieht man ihm einen großen Teil seiner Nährstoffe, was schade wäre. Wenn Ihr Kind die Schale nicht mag, können Sie das Gemüse entweder fein pürieren oder die Schale mit einem scharfen Messer abkratzen, damit so wenig Vitamine wie möglich verloren gehen.

Ist es nicht besser, Gemüse zu dünsten?

Grünes Gemüse können Sie ruhig in ein wenig Wasser kochen. Das geht nicht nur schneller als das Dünsten, sondern Sie können das Gemüse mitsamt dem Kochwasser pürieren, sodass die in der Garflüssigkeit gelösten Vitamine erhalten bleiben und Ihr Kind ein Essen bekommt, das voller Vitamine, Mineralstoffe und Spurenelemente steckt.

Ich habe gehört, dass bestimmte Gemüse Nitrate enthalten. Stimmt das?

Zu den Gemüsesorten mit hohem Nitratgehalt zählen vor allem die Blattgemüse wie Chicorée, Feldsalat oder Spinat. Einen geringen Nitratgehalt weisen Tomaten, Pilze oder Erbsen auf. Grüne Bohnen liegen dazwischen. Für Pürees sollte man deshalb möglichst regionales Gemüse vom Markt oder Gemüse mit dem Biosiegel verwenden, das meist weniger Nitrate enthält. Dennoch sollten Sie sich wegen der Nitrate nicht allzu viel Gedanken machen, denn Nitrate an sich sind nicht gesundheitsschädlich. Schädlich sind die Nitrite (umgewandelte Nitrate).

Gefahr lauert in einem Gemüsepüree, das deutlich länger als 24 Stunden im Kühlschrank gestanden hat, sodass die Nitrate Zeit hatten, sich umzuwandeln. Säuglingen unter zwölf Monaten sollte man deshalb am besten frisch zubereitete Gemüsegerichte geben oder die Gerichte, nachdem sie erkaltet sind, sofort einfrieren.

In den klassischen Babygläschen sind immer sehr viele Kartoffeln enthalten. Wird meinem Kind ein „reines" Gemüsepüree überhaupt schmecken?

Sie sprechen hier einen wichtigen Punkt an: die regelmäßige Zugabe von Kartoffeln in den industriell hergestellten Kinderpürees. Kartoffeln schmecken zwar sehr gut als Püree mit etwas Butter, man darf aber nicht vergessen, dass es sich dabei um ein stärkehaltiges Nahrungsmittel mit einem höheren Kohlenhydratgehalt handelt. Darüber hinaus wird die Geschmackspalette der Kleinen mit Kartoffeln, die relativ neutral schmecken, in keiner Weise bereichert. Dass man in der Lebensmittelindustrie so reichlich davon Gebrauch macht, dient zum einen dazu, den Geschmack bestimmter besonders geschmacksintensiver Gemüsesorten zu mildern und zum anderen aus Kostengründen, denn Kartoffeln sind preiswerter als „richtiges" Gemüse. Es ist deshalb für den Organismus Ihres Kindes und die Erweiterung seiner Geschmackspalette genau das Richtige, wenn Sie ihm zwischendurch ein „reines" Gemüsepüree anbieten.

Was sind die Vorzüge der Pastinake?

Nur wenige kennen dieses in Vergessenheit geratene Gemüse heute noch, das man vor allem in der Antike und im Mittelalter schätzte. Damals diente die Pastinake, die derselben botanischen Familie angehört wie die Karotte, insbesondere im Nordosten Europas als Grundnahrungsmittel, wo sie bis heute wegen ihres Nährwerts sehr geschätzt und häufig gegessen wird. Die ballast- und mineralstoffreichen Pastinaken regen die Verdauung an und haben eine kürzere Garzeit als Karotten – ein Vorteil, wenn Ihr Kind vor Hunger schreit. Allerdings kann es sein, dass Pastinaken aufgrund des in ihnen enthaltenen Inulins Durchfall auslösen. Prüfen Sie deshalb erst mit ein wenig roher und dann gekochter Pastinake die Verträglichkeit.

Sind Süßkartoffeln für Säuglinge nicht zu exotisch und können Allergien auslösen?

Auch wenn die Süßkartoffel bei uns bislang nur wenig gegessen wird, erfreut sie sich in anderen Industrieländern großer Beliebtheit, denn sie ist reich an Nährstoffen und sehr einfach zuzubereiten. Wegen ihres süßlichen Geschmacks ist sie gerade bei kleinen Kindern sehr beliebt und stellt selbst für Säuglinge, die zu Allergien neigen, keinerlei Risiko dar.

Wurzelgemüse – gut und schön. Aber warum nicht einfach nur ein gutes Kartoffelpüree?

Auch wenn man die Kartoffel nicht vom kindlichen Speiseplan verbannen sollte, sollte man bedenken, dass sie aus ernährungswissenschaftlicher Sicht weniger wertvoll ist als die anderen Gemüsesorten. Gerade weil man heute vermehrt zu stärkehaltigen Nahrungsmitteln wie Reis, Kartoffeln, Nudeln greift, ist es unsere Aufgabe, die Kinder an kohlenhydratärmeres Gemüse zu gewöhnen, zunächst als Püree und später in Stücken.

Man gibt Babys nur selten Hokkaidokürbis? Warum?

Eigentlich ist es unverständlich, dass sich der Hokkaidokürbis trotz seines relativ hohen Nährwerts und seines angenehmen, an Kastanien erinnernden Geschmacks nicht so großer Beliebtheit wie sein Verwandter, der Riesenkürbis erfreut. Er ist ausgesprochen vitaminreich – er enthält Vitamin C, D und E sowie zahlreiche Spurenelemente wie Phosphor, Magnesium, Kalium und Eisen. Darüber hinaus ist sein Karotingehalt ausgesprochen hoch und das ist besonders gut für die Babyhaut.

Kann mein Kind von Erbsen Bauchschmerzen bekommen?

Zu Beginn der Nahrungsumstellung ist der Babydarm noch nicht reif genug für ballaststoffreiches Gemüse wie Erbsen, Kohl oder Schwarzwurzeln, das Blähungen verursachen kann. Ist die Nahrungsumstellung erst einmal abgeschlossen, stellt die Verdauung von Erbsen für den Babydarm kein Problem mehr dar.

Kann Blumenkohl Bauchschmerzen verursachen?

Was dieses köstliche Gemüse manchmal schwer verdaulich macht, ist der Schwefel – ein Spurenelement, das antibakteriell und entgiftend wirkt –, den er enthält. Um Blähungen zu vermeiden, sollte man das Wasser beim Kochen einmal erneuern (so wird der Schwefel mit dem Wasser weggeschüttet) und etwas Kümmel oder Fenchelsamen hineingeben, die den Darm entkrampfen.

Ich habe gehört, dass davon abgeraten wird, Babys Paprikaschoten zu geben. Stimmt das?

Das rührt daher, dass Paprikaschoten nur schwer verdaulich sind, wenn man sie roh und mit ihrer Haut isst. Das lässt sich aber verhindern, wenn man sie gart und schält. Aufgrund ihres hohen Nährwerts sollte man sie Kindern, bei denen die Nahrungsumstellung bereits erfolgreich abschlossen ist (um den 8./9. Lebensmonat) nicht vorenthalten.

Was ist aus ernährungswissenschaftlicher Sicht wertvoller: rohe oder gekochte Tomaten?

Ob roh oder gekocht – Tomaten sind, vor allem aufgrund ihres hohen Gehalts an Vitamin C (das in den schleimigen Hüllen der Samen sitzt), Vitamin E, Kalium und Folsäures, ein wertvolles Nahrungsmittel. In konzentrierter Form wie bei einer Sauce enthalten sie besonders viel Lycopin, ein Carotinoid, das vorbeugend gegen Krebserkrankungen wirken soll.

DR. JEAN LALAU KERALY
FACHARZT
FÜR KINDERHEILKUNDE, KINDER-
ERNÄHRUNG
UND ENDOKRINOLOGIE

Bekommt mein Kind von Dicken Bohnen keine Blähungen?

Dicke Bohnen sind reich an Ballaststoffen und regen deshalb die Verdauung an, was gelegentlich bei kleinen Kindern, deren Darm noch sehr empfindlich und unausgereift ist, zu Beschwerden führen kann. Da die Ballaststoffe zum großen Teil in den Häutchen sitzen, die die Bohnenkerne umschließen, sollten Sie diese stets entfernen. Oder Sie nehmen einfach Tiefkühlprodukte, die bereits geschält sind.

Der Favismus, eine extrem seltene Krankheit, soll durch den Genuss von Dicken Bohnen ausgelöst werden. Sollte man sie Babys deshalb besser nicht geben?

Nicht die Dicken Bohnen sind die Ursache für die Zerstörung der roten Blutkörperchen, sondern es handelt sich dabei um eine genetisch bedingte Erkrankung, die durch den Genuss von Dicken Bohnen ausgelöst werden kann. Von dieser Krankheit sind vor allem Menschen im Mittelmeerraum betroffen. Wenn die Krankheit in Ihrer Familie schon einmal aufgetreten ist, sollten Sie Ihren Arzt konsultieren.

Ist Mais wirklich für Babys geeignet?

Zuckermais ist leider etwas aus der Mode gekommen, und das ist ein Fehler. Denn er besitzt nicht nur viele wertvolle Nährstoffe, sondern enthält – im Unterschied zu anderem Getreide, das häufig in der Babynahrung verwendet wird – kein Gluten und ist deshalb hervorragend für Kinder geeignet, die unter Zöliakie leiden, vor allem aber auch für die ganz Kleinen, die – darauf sei an dieser Stelle noch einmal ausdrücklich hingewiesen – vor dem 6. Lebensmonat keine glutenhaltige Nahrung zu sich nehmen dürfen.

Besteht nicht die Gefahr, dass man Genmais kauft, ohne es zu wissen?

Tatsächlich sind gentechnisch veränderte Lebensmittel ein Problem, und man sollte deshalb beim Einkauf die Augen offen halten, damit man weiß, was man seinen Kindern und sich selbst zubereitet. Seit April 2004 sind die Hersteller dazu verpflichtet, auf den Etiketten ausdrücklich anzugeben, ob ihre Produkte – auch der Mais – von gentechnisch veränderten Organismen stammen. Dabei muss man allerdings wissen, dass diese Kennzeichnungspflicht nur Erzeugnisse betrifft, bei denen der Anteil gentechnisch veränderter Bestandteile über einem Prozent liegt. Wenn Sie ganz sichergehen wollen, sollte Sie deshalb auf Produkte mit dem Biosiegel zurückgreifen, die garantiert genfrei sind.

Kann ich fertig zubereitete Gerichte verwenden, wenn ich keine Zeit habe?

Vorsicht bei Fertigprodukten, insbesondere bei Convenience-Produkten. Sie enthalten sehr viel Salz und versteckte Fette und sind deshalb für Säuglinge nicht geeignet. Darüber hinaus können sie Farbstoffe oder Konservierungsmittel enthalten, die in spezieller Babynahrung verboten sind. Wenn Sie wirklich keine Zeit haben, greifen Sie auf Babygläschen oder eventuell auf Tiefkühlprodukte zurück, die weniger Zusatzstoffe enthalten. In jedem Fall sollten Sie die Zutatenliste aufmerksam lesen.

Rote Linsen werden bei uns eher selten gegessen. Warum soll man sie Babys geben?

Der Unterschied zwischen den verschiedenen Linsensorten ist verschwindend klein. Linsen zeichnen sich generell durch einen relativ hohen Eiweiß- und Ballaststoffgehalt aus. Was die roten Linsen so interessant macht, sind ihre schöne Farbe und, da sie geschält sind, ihre Zartheit, wodurch sie leichter verdaulich sind und sich die Kochzeit gegenüber den anderen Sorten erheblich verkürzt.

Fleisch

Ist Schweinefleisch nicht zu fett?

Räumen wir endlich mit den Vorurteilen auf! Ein mageres Stück Schweinefleisch ist nicht fetter als jedes andere Fleisch. Es hat im Durchschnitt etwa ebenso viele Kalorien wie Hähnchenfleisch. Darüber hinaus enthält das Fett des Schweinefleischs auch ungesättigte Fettsäuren, die Herz-Kreislauf-Erkrankungen vorbeugen. Schließlich sei noch darauf hingewiesen, dass Schweinefleisch hochwertiges Eiweiß enthält und eine mittelgroße Portion die Hälfte des Tagesbedarfs eines Erwachsenen deckt. Vorsicht ist allerdings bei Wurstwaren aus Schweinefleisch geboten, die häufig sehr fett sind und sehr viel Salz enthalten.

Wird mein Kind den ausgeprägten Geschmack von Lammfleisch mögen, wenn ich ihn nicht mag?

Über Geschmack lässt sich nicht streiten. Wenn Sie Lammfleisch nicht mögen, muss das nicht heißen, dass es auch Ihrem Kind nicht schmeckt. Versuchen Sie einfach, es ihm schmackhaft zu machen – beispielsweise, indem Sie dazu Karotten servieren –, denn es enthält zahlreiche wertvolle Nährstoffe. Und denken Sie daran, dass sich der Geschmack verändern kann. Auch wenn Sie bislang Lamm nicht mochten, werden Sie vielleicht zu Ihrer Überraschung feststellen, dass Ihnen dieses Gericht schmeckt.

Fisch und Meeresfrüchte

Ist es unbedingt erforderlich, dass mein Kind Fisch isst?

Das hängt vom Alter ab. Ab dem 6./7. Lebensmonat braucht das Kind täglich auch tierisches Eiweiß. Fisch eignet sich hier besonders gut, denn er ist reich an Omega-3-Fettsäuren, die wichtig für die Entwicklung der Sehkraft und des Gehirns sind. Die Tatsache, dass das kindliche Gehirn erst im Alter von fünf Jahren seine volle Größe erlangt, macht deutlich, weshalb es so wichtig ist, dass es Fisch isst.

Hat Lachs für ein kleines Kind nicht einen zu intensiven Geschmack?

Warum sollte man den Kleinen keine Nahrungsmittel mit intensivem Geschmack anbieten? Je einförmiger der Geschmack der kindlichen Nahrung ist, desto weniger wird es später die Geschmacksvielfalt der Lebensmittel zu schätzen wissen. Wenn es den Lachsgeschmack anfangs nicht mag, versuchen Sie es zu einem späteren Zeitpunkt noch einmal.

Ich kaufe aus ökologischen Gründen keinen Thunfisch. Wodurch kann ich ihn ersetzen und ist er wichtig für mein Kind?

Die verschiedenen Fischarten unterscheiden sich hinsichtlich ihres Nährwerts. Fettfisch – zu dem auch der Thunfisch zählt – an sich ist ein hervorragendes Lebensmittel, denn er weist einen hohen Anteil an Omega-3-Fettsäuren auf und hat einen ebenso hohen Eiweißgehalt wie Fleisch. Darüber hinaus enthält er Phosphor, Magnesium und Jod. Sie können den Thunfisch also problemlos durch einen anderen fetten Fisch wie Lachs ersetzen.

Ab welchem Alter kann ich meinem Kind Garnelen geben?

Generell sollte man Kindern vor dem 18. Lebensmonat (Allergikern nicht vor dem 4. Lebensjahr) keine Krustentiere wie Garnelen geben. Denn sie können, genau wie Erdnüsse und Kiwis, allergische Reaktionen wie Ekzeme oder schlimmer noch einen anaphylaktischen Schock hervorrufen. Hat Ihr Kind die Nahrungsumstellung problemlos bewältigt, gibt es keinen Grund, ihm ab dem 18. Lebensmonat Garnelen vorzuenthalten. Sie sollten ihm aber zunächst nur ganz kleine Mengen geben

DR. JEAN LALAU KERALY
FACHARZT
FÜR KINDERHEILKUNDE, KINDER-
ERNÄHRUNG
UND ENDOKRINOLOGIE

und in den folgenden Minuten, Stunden und Tagen beobachten, wie es auf den Verzehr von Krustentieren reagiert. Zeigt es keine allergische Reaktion, können Sie ihm ruhig auch einmal eine Paella mit Garnelen anbieten.

Stärkehaltige Nahrungsmittel
Was ist Bulgur?
Bei Bulgur handelt es sich um vorgekochten Weizen, der getrocknet, geschält und mehr oder weniger fein geschnitten wird. Bulgur ist ein guter Vitamin-B-Lieferant, ein Vitamin, das die Immunabwehr stärkt. Zudem enthält er neben wertvollem Eisen, das vor Infekten schützt, zahlreiche weitere Mineralstoffe, ist sehr gut verdaulich und im Handumdrehen zubereitet – ein entscheidender Vorteil, wenn das Kochen mal schnell gehen muss.

Was sind Soba-Nudeln? Sind sie gut für mein Kind?
Soba-Nudeln sind aus Buchweizenmehl hergestellt. Beim Buchweizen handelt es sich nicht – wie man aufgrund seines Namens annehmen könnte – um eine Weizensorte, sondern um ein Knöterichgewächs. Da Buchweizen kein Gluten enthält, ist er auch für Menschen geeignet, die unter Zöliakie leiden oder die zu Koliken neigen, denn er ist sehr gut verdaulich. Darüber hinaus hat eine kanadische Studie gezeigt, dass er den Blutzuckerspiegel senkt, weshalb er hervorragend für Diabetiker geeignet ist. Zudem ist er reich an Mineralstoffen, vor allem an Phosphor. In Japan isst man Soba-Nudeln übrigens traditionell an Silvester. Das soll ein langes Leben garantieren.

Wenn ich meinem Kind abends viel Reis gebe, führt das nicht zu Verstopfung?
Der Reis ist nicht verantwortlich dafür, wenn Kinder, die regelmäßig Reis essen, unter Verstopfung leiden. Verantwortlich dafür ist vielmehr der Mangel an Ballaststoffen, wie sie in Gemüse und Obst enthalten sind. Mischt man den Reis, der ein hervorragendes stärkehaltiges Nahrungsmittel und reich an Mineralstoffen und Pantothensäure ist, mit einem Gemüsepüree, ist das eine gesunde Mahlzeit, die sich nicht nur positiv auf die Verdauung Ihres Kindes auswirkt. Wenn Sie dennoch meinen, Reis sei die Ursache für Verstopfungen, nehmen Sie einen ballaststoffreichen Vollkornreis, der die Darmtätigkeit anregt.

Käse
Ist Ricotta aus bakteriologischer Sicht gefährlich für mein Kind?
Sie spielen zweifellos auf Listerien an, das sind Bakterien, die sich vor allem in Rohmilchkäse, Wurst und Tiefkühlprodukten, bei denen die Kühlkette unterbrochen wurde, ausbreiten und die bei ganz kleinen Kindern schwere gesundheitliche Probleme verursachen können. Seien Sie beruhigt: Ricotta – was so viel heißt wie „noch einmal gekocht" – ist ein Käse, der aus Molke hergestellt wird, die, wie der Name schon sagt, zweimal gekocht wurde. Da Listerien bei hohen Temperaturen abgetötet werden, besteht also keinerlei Risiko für Ihr Kind. Im Übrigen ist Rohmilchkäse gar nicht so schlecht wie sein Ruf. In den Industrieländern ist das Risiko, an Listeriose zu erkranken, inzwischen sehr gering. Eine Infektion mit Listerien lässt sich sicher vermeiden, wenn man den Käse mitkocht. Dann können Sie ihn bedenkenlos genießen.

Ist Parmesan nicht zu salzig für mein Kind?

Sie haben recht, wenn Sie darauf hinweisen, dass Salz in der Ernährung der Kleinsten – wenigstens bis zum 1. Lebensjahr – nichts zu suchen hat. Das heißt allerdings nicht, dass man absolut alle Salzquellen ausschließen sollte, die durchaus wichtig für Ihr Kind sind. Sein Organismus ist nur noch nicht in der Lage, größere Mengen Salz auszuscheiden. Das Salz, das in Gemüse und anderen Lebensmitteln enthalten ist, reicht vollkommen aus. Das ist auch der Grund, weshalb Kinderärzte dazu raten, die Speisen ohne Salz zuzubereiten. Das im Parmesan enthaltene Salz hebt den Geschmack des Gerichts auf natürliche Weise.

Kuchen und Süßigkeiten

Wenn ich meinem Kind Kuchen gebe, wecke ich bei ihm dann nicht das Verlangen nach Süßem?

Man sollte sein Kind bewusst ernähren, aber es mit der Strenge auch nicht übertreiben. Gewiss, es ist nicht zu leugnen, dass unsere Kinder viel zu viel extrem Fettes und Süßes essen. Doch ein kleines Stück Kuchen von Zeit zu Zeit hat noch keinem Kind geschadet. Vor allem wenn man den Kuchen selbst macht. Dann haben Sie es in der Hand, was hineinkommt und wie hoch der Fett- und Zuckergehalt ist. Je weniger Fertigprodukte (die viele versteckte Kohlenhydrate, Aromen, Fett und Salz enthalten), Ihr Kind isst, desto vernünftiger wird es sich als Erwachsener ernähren.

Naschereien für Babys, ist das nicht unvernünftig?

Es gibt solche und solche Naschereien. Wenn wir von industriell hergestellten Süßwaren reden, die Unmengen Zucker und Bindemittel enthalten, sollte man Babys tatsächlich davon fernhalten, denn sie bringen ihm – außer Karies – rein gar nichts. Hier handelt es sich jedoch um gute Süßigkeiten, kleine Leckereien für besondere Gelegenheiten, die Ihrem Kind Freude bereiten, die ihm signalisieren, dass dies ein besonderer Moment ist. Zudem stecken Trockenfrüchte – und auch Schokolade – voller wertvoller Nährstoffe. Diese natürlichen Pralinen sind weich und einfach zu essen. Da darf Ihr Kind ruhig auch einmal naschen.

Gewürze

Können Zimt und Kreuzkümmel bei meinem Kind Allergien auslösen?

Seien Sie unbesorgt. Zimt und Kreuzkümmel (ganz allgemein alle milden Gewürze) sind keine Gefahr für die Gesundheit der Kleinsten. Im Gegenteil. Zimt – auch wenn man ihn nur in geringen Mengen verwendet – gehört zu den Lebensmitteln mit dem höchsten Gehalt an Antioxidantien. Ganz abgesehen davon, dass er die Geschmacksknospen Ihres Kindes anregt. Achten Sie beim Einkauf darauf, dass Sie echten Ceylon-Zimt (hellbraune, bröckelige Stangen) kaufen und keinen chinesischen Zimt (dicke, sehr harte braune Stangen), denn er ist bitterer und weniger süß. Kreuzkümmel ist nicht nur ein besonderes Geschmackserlebnis für Ihr Baby, sondern wirkt darüber hinaus lindernd bei Verdauungsstörungen.

Stimmt es, dass Vanille eine Schlaf fördernde Wirkung hat?

Tatsächlich hat Vanille nicht nur einen angenehm süßen Geschmack, sondern wirkt auch beruhigend. Deshalb verwendet man sie gerne in Tees und ätherischen Ölen, die bei Schlafstörungen verabreicht werden.

ÖKOTROPHOLOGISCHE KURZPORTRÄTS DER WICHTIGSTEN NAHRUNGSMITTEL

Ananas
Die Ananas ist reich an Mineralstoffen und Spurenelementen und enthält relativ viel Vitamin C. Das Besondere an der Frucht ist jedoch das Enzym Bromelain, das nur in der Ananas enthalten ist und das Fettverbrennung und die Eiweißspaltung anregt.

Apfel
Wie sagen doch die Engländer: „An apple a day keeps the doctor away"? Äpfel sind nicht nur bekannt dafür, dass sie Krebs und Herz-Kreislauf-Erkrankungen vorbeugen, sie sollen außerdem eine positive Wirkung bei Erkrankungen der Atemwege, vor allem bei Asthma, haben. Äpfel sind reich an Vitamin C, das die Eisenresorption fördert (in den Industrieländern leiden 15 Prozent der größeren Kinder unter Eisenmangel). Und sie schützen vor Infektionen und beschleunigen die Wundheilung.

Aprikose
Die kleine Frucht ist einer der besten Lieferanten von Provitamin A, einem wertvollen Antioxidans, das Krebserkrankungen vorbeugt, Mineralstoffen und Spurenelementen. Darüber hinaus enthalten sie viel Kalium, das zur Entgiftung und zur Muskelentspannung beiträgt, und sind deshalb ideal für Kinder, die sich viel bewegen. Außerdem enthalten sie viel Eisen, das wichtig für die Entwicklung der Kleinsten ist.

Aubergine
Auberginen sind ausgesprochen kalorienarm und enthalten sehr viel Wasser. Darüber hinaus sind sie reich an Pektinen und löslichen Ballaststoffen, die die Verdauung auf sanfte Weise anregen. Um den Gehalt an Ballaststoffen zu reduzieren, müssen Sie einfach nur die Samen und die Schale entfernen. Darüber hinaus ist die Aubergine reich an Mineralstoffen (Magnesium, Zink, Mangan). Da Auberginen nur wenig Salz enthalten, eignen sie sich hervorragend für die Babyküche.

Avocado
Die Avocado, eine ausgesprochen fetthaltige Frucht, ist zudem reich an Ballaststoffen, regt die Darmtätigkeit an und sorgt für ein schnelles Sättigungsgefühl. Darüber hinaus liefert sie sehr viel Pantothensäure (Haut, Stoffwechsel) und B_6 (Wachstum, Haut, Nerven). Neuere Studien haben gezeigt, dass Avocados auch bei Leberleiden helfen können.

Banane
Die Banane ist ein hervorragender Energielieferant (90 Kilokalorien je 100 Gramm), aber Sie sollten stets berücksichtigen, dass der Nährstoffgehalt dieser köstlichen Frucht je nach Reifegrad variiert. Je reifer die Frucht ist, desto weniger Vitamin C und Stärke und desto mehr einfache Zucker enthält sie. Darüber hinaus liefern Bananen sehr viel Kalium, Eisen, Kupfer, Magnesium und Vitamin B.

Basilikum
Für die Griechen war es der König unter den Kräutern („basilikon" bedeutet „königliches Kraut"). Waren sie doch überzeugt, dass Basilikum eine Vielzahl gesundheitsfördernder Eigenschaften besitzt. Tatsächlich soll es krampflösend wirken, die Verdauung anregen und bei Verdauungsstörungen und Sodbrennen helfen. Darüber hinaus ist es ein guter Lieferant von Vitamin A, Phosphor und Calcium.

Birne
Mit ihren unlöslichen Ballaststoffen regt die Birne die Verdauung an. Die Früchte sind reich an Mineralstoffen und enthalten relativ große Mengen Calcium, Phosphor, Magnesium und Eisen sowie Vitamin C und E, die vor Krebserkrankungen schützen.

Blumenkohl
Der Blumenkohl zählt zu den mineralstoffreichsten Gemüsen. Er enthält vor allem Magnesium und Calcium, die wichtig für den Aufbau von Knochen und Zähnen sind, sowie Kalium, das für die Nerven- und Muskelarbeit benötigt wird. Darüber hinaus ist das kalorienarme Gemüse überaus reich an Vitamin C.

Brokkoli
Der Brokkoli ist eine wahre Vitamin-C-Bombe. Enthält er doch doppelt so viel Vitamin C wie die Orange. Darüber hinaus ist er reich an Provitamin A – das wichtig für ein gesundes Wachstum und unentbehrlich für den Sehvorgang ist – und außerordentlich kalorienarm.

Dicke Bohne
Gegarte frische Dicke Bohnen sind ausgesprochen kalorienarm und haben einen hohen Nährwert. Da sie im Wesentlichen aus ungesättigten Fettsäuren bestehen, tragen sie zudem zur Versorgung des Babys mit diesen wichtigen

Nährstoffen bei. Sie sind reich an verdauungsfördernden Ballaststoffen und enthalten auch relativ viel Kalium, Magnesium, Vitamin B und C. Zudem sind sie ein hervorragender Eiweißlieferant.

Erbse

Grüne Erbsen sind Hülsenfrüchte und hervorragende Energielieferanten. Ihr Gehalt an Eiweiß und Vitamin B (Stärkung des Immunsystems und Förderung des Zellwachstums) ist beträchtlich. Darüber hinaus ist die Erbse reich an Mineralstoffen (Kalium, Phosphor) und Spurenelementen (Kupfer, Zink, Fluor).

Erdbeere

Der besondere Geschmack der Erdbeere macht sie zu einer Lieblingsfrucht fast aller Kinder. Erdbeeren sind reich an Folsäure (Zellbildung), Betacarotin (Sehvermögen) und Vitamin C (Immunabwehr). Darüber hinaus enthalten sie sehr viele Spurenelemente wie Kalium (Nervensystem), Magnesium (beruhigend) und Calcium. Da Erdbeeren Hautausschlag verursachen können, darf man sie Babys erst nach dem 6. Lebensmonat geben.

Esskastanie

Die Esskastanie gilt zwar als stärkehaltiges Nahrungsmittel, hat aber einen weit höheren Vitamin- und Mineralstoffgehalt als andere stärkehaltige Nahrungsmittel. Was sie für die Babyernährung allerdings besonders interessant macht, ist die Tatsache, dass sie kein Gluten enthält. Deshalb ist sie ideal für ganz kleine Kinder und solche, die unter einer Glutenunverträglichkeit leiden.

Estragon

Der Estragon ist ein Küchenkraut, das man wegen seines pikanten, ein wenig an Anis erinnernden Geschmacks schätzt. Er ist reich an Mineralstoffen und Vitamin C, regt den Appetit an, hilft bei Verdauungsproblemen und Blähungen und trägt zur Entschlackung und Entgiftung des Organismus bei.

Fenchel

Der Fenchel zeichnet sich nicht nur durch seinen feinen anisartigen Geschmack aus, sondern ist darüber hinaus reich an Vitamin A und E (Krebsvorbeugung) und löslichen Ballaststoffen, die die Verdauung anregen, ohne den Darm zu belasten. Zudem hilft er bei Blähungen.

Frischkäse

Als Frischkäse bezeichnet man alle Käsesorten, die keine Reifung benötigen. Sie sind meist von streichfähiger Konsistenz, schmecken säuerlich mild und werden in verschiedenen Fettstufen angeboten – von der Mager- bis zur cremigen Doppelrahmstufe. Frischkäse enthält viel Calcium und Phosphor. Er schmeckt auf dem Brot und vor allem Doppelrahmfrischkäse erfreut sich wegen seiner Kocheigenschaften – er schmilzt leicht und sorgt für einen sahnigen Geschmack – großer Beliebtheit.

Grüne Bohne

Grüne Bohnen liefern Vitamine, Mineralstoffe und Spurenelemente. Sie sind reich an Provitamin A (Wachstum, Immunabwehr), B-Vitaminen (appetitanregend), Vitamin C (Wundheilung, Immunsystem) und E (antioxidativ) und enthalten neben sehr viel Kalium, Calcium und Eisen auch reichlich Eiweiß (was man bei Gemüse eher selten findet).

Hafer

Dieses „Supergetreide" ist reich an löslichen Ballaststoffen, die nicht nur die Verdauung fördern, sondern auch den Cholesterin- und den Blutzuckerspiegel senken. Darüber hinaus enthält Hafer sehr viel Eiweiß sowie einfach und mehrfach ungesättigte Fettsäuren (die viel zitierten „guten Fette") und ist reich an Eisen, Phosphor, Magnesium und B-Vitaminen.

Heidelbeere

Die Heidelbeere, eine Verwandte der Preiselbeere, ist reich an Kalium und Phosphor und enthält sehr viel Vitamin C. Von Bedeutung ist auch ihr sehr auffälliger, blauer Farbstoff, das Anthozyan. In Kombination wirken ihre Inhaltsstoffe unterstützend auf das Sehvermögen. Im Zweiten Weltkrieg aßen die Piloten der Royal Air Force deshalb regelmäßig Heidelbeeren, um ihr Nachtsichtvermögen zu verbessern.

Himbeere

Die kalorienarme, säuerliche Himbeere ist ein hervorragendes Sommerdessert. Sie ist reich an Ballaststoffen und wirkt deshalb verdauungsfördernd. Da der Darm von Säuglingen noch sehr empfindlich ist, sollte man die Früchte pürieren und dann durch ein Passiersieb streichen, um die Kerne zu entfernen. Himbeeren sind reich an Vitamin C, Flavonoiden (Blutzirkulation) und

ÖKOTROPHOLOGISCHE KURZPORTRÄTS DER WICHTIGSTEN NAHRUNGSMITTEL

Mineralstoffen wie Kalium, Magnesium, Calcium und Eisen.

Kabeljau

Der Kabeljau hat einen außergewöhnlich hohen Nährwert, denn er ist fettarm, enthält wenig Kohlenhydrate und viel Omega-3-Fettsäuren, Vitamin B, Selen (Krebs vorbeugend) und Phosphor (Knochen und Zähne). Darüber hinaus ist er reich an Jod, einem Spurenelement, das die Funktion der Schilddrüse reguliert, die eine bedeutende Rolle im gesamten Stoffwechsel spielt.

Karotte

Die orangefarbene Wurzel ist reich an Provitamin A, das die Netzhaut schützt und die Nachtsicht verbessert. Doch das sind bei Weitem noch nicht alle Vorzüge dieses wohlschmeckenden Wurzelgemüses. Aufgrund ihres hohen Eisengehalts wirkt sie antianämisch und hilft bei Durchfall. Und wer sehr viele Karotten isst, bekommt aufgrund ihres hohen Karotingehalts einen schönen rosig-braunen Teint.

Kidneybohne

Wie alle getrockneten Hülsenfrüchte sind sie reich an pflanzlichem Eiweiß. Zudem enthalten Kidneybohnen sehr viele Kohlenhydrate und Ballaststoffe, was bei manchen Menschen zu Blähungen führen kann. Hervorzuheben ist ihr Gehalt an Folsäure (Zellwachstum). Gut versorgen sie den kindlichen Organismus mit Eisen, Magnesium und Phosphor. Und was für das Baby das Wichtigste ist: Kidneybohnen sind ausgesprochen natriumarm und belasten so nicht die Nieren.

Kirsche

Die süße, saftige Kirsche ist nicht nur ein guter, erfrischender Energiespender, sondern aufgrund ihres hohen Gehalts an Vitamin C und Provitamin A auch sehr gesund. Eine neuere amerikanische Studie hat gezeigt, dass Kirschsaft ohne Zuckerzusatz antibakteriell und bei der Kariesprophylaxe unterstützend wirkt.

Knoblauch

Knoblauch hebt nicht nur den Geschmack der Speisen, sondern besitzt auch hervorragende medizinische Eigenschaften: Unter anderem stärkt er die Immunabwehr und wirkt antioxidativ. Darüber hinaus liefert er Spurenelemente wie Eisen, Mangan, Zink und Selen, wirkt antibakteriell und beugt Allergien und Krebserkrankungen vor.

Knollensellerie

Knollensellerie ist reich an Mineralstoffen und enthält außerdem Spurenelemente, die in den anderen Gemüsesorten kaum zu finden sind, vor allem Selen (stärkt das Immunsystem) und Chrom (Zuckerstoffwechsel). Darüber hinaus ist er kalorienarm und reich an Ballaststoffen. Sellerie ruft bei manchen Menschen allergische Reaktionen hervor, man sollte ihn vorsichtig in den Speiseplan integrieren.

Koriander

In der Antike schätzte man den Koriander, weil er die Verdauung anregt und Blähungen lindert. Als Tee zubereitet wirkt er krampflösend und hilft bei Durchfall. Und er ist reich an Vitamin K (Blutgerinnung, Knochenbildung). Kein Wunder, dass dieses Kraut, das auch noch so unvergleichlich schmeckt, bei den Asiaten in fast keinem Gericht fehlen darf.

Kreuzkümmel

Die kleinen Samen mit dem angenehm pikanten Geschmack sind für Babys geradezu ideal, denn sie lindern Blähungen und Darmkrämpfe. Darüber hinaus regen sie die Milchproduktion an und sind deshalb auch stillenden Müttern sehr zu empfehlen.

Kürbis

Kürbisse sind ausgesprochen kalorienarm, denn sie bestehen bis zu 90 Prozent aus Wasser. Aufgrund ihres hohen Kaliumgehalts beugen sie wirkungsvoll der Bildung von Nierensteinen und Bluthochdruck vor. Für die Ernährung von Babys, die möglichst salzarm sein sollte, ist der Kürbis wegen seines geringen Natriumgehalts hervorragend geeignet. Darüber hinaus ist er nach der Karotte das Gemüse mit dem höchsten Gehalt an Provitamin A (Sehvermögen).

Lachs

Ob Wildlachs oder Zuchtlachs – Lachs ist in jedem Fall ein wertvoller Nährstofflieferant. Er enthält viele ungesättigte Fettsäuren und ist besonders reich an Omega-3-Fettsäuren, die Herz-Kreislauf-Erkrankungen vorbeugen. Lachs enthält viel Eisen, Phosphor und Magnesium und ist reich an Vitamin A (Sehvermögen, Wachstum, Immunabwehr) und Vitamin D (Zähne und Knochen).

Lammfleisch

Lamm hat ein eher fettes Fleisch, wobei sich die verschiedenen Fleischstücke im Fettgehalt stark unterscheiden. Dieser kleine Mangel wird jedoch durch den hohen Gehalt an wertvollen Proteinen weitgehend ausgeglichen. Darüber hinaus ist Lammfleisch reich an Vitamin B12 (antianämisch) und Zink, das gut für Herz und Knochen ist.

Linsen

Linsen sind ausgesprochen sättigend, obwohl sie so gut wie kein Fett enthalten. Sie sind reich an Mineralstoffen und enthalten unter anderem das für Kinder so wichtige Eisen. Aufgrund ihres hohen Ballaststoffgehalts beugen ungeschälte Linsen Verdauungsstörungen vor. Darüber hinaus enthalten sie viel pflanzliches Eiweiß und eignen sich daher hervorragend als Fleischersatz, wenn man sie mit Getreide kombiniert verzehrt – Linsen sollten regelmäßig auf dem Speiseplan Ihres Babys stehen.

Mais *siehe Zuckermais*

Mango

Die Mango ist eine regelrechte Vitaminbombe. Sie ist die Frucht, die die meisten Antioxidantien enthält. Außerdem ist sie reich an Vitamin B (fördert das Wachstum), Vitamin A (Wachstum von Knochen und Zähnen), Vitamin C (unterstützt die Eisenresorption und das Immunsystem) und Vitamin E (antioxidativ) und ist kalorienarm, da sie zu 80 Prozent aus Wasser besteht.

Melone

Die ausgesprochen kalorienarme Melone (sie besteht bis zu 90 Prozent aus Wasser) enthält sehr viel Provitamin A (vor allem Früchte mit orangefarbenem Fruchtfleisch) und Vitamin C. Die ballaststoffreiche Frucht wirkt, vor allem wenn man sie frisch genießt, verdauungsfördernd.

Minze

Die Minze hebt mit ihrem feinen, erfrischenden Aroma nicht nur den Geschmack der Speisen, sie ist auch ein wirkungsvolles Antioxidans und enthält sehr viel Eisen, Mangan (getrocknete Minze) und Vitamin K (Blutgerinnung).

Mirabelle

Wenn die kleinen saftig-süßen und aromatischen gelborangen Früchte im August und September auf den Märkten angeboten werden, sollten Sie unbedingt zugreifen, denn Mirabellen sind reich an löslichen Ballaststoffen und regen die Darmtätigkeit an, ohne den Darm dabei zu sehr zu belasten. Darüber hinaus enthalten sie viele Spurenelemente sowie die Vitamine B und E.

Müsli

Müsli ist eine Mischung aus Getreideflocken und Trockenfrüchten, die nach Belieben kombiniert werden. Es kann die unterschiedlichsten Getreideflocken wie Hafer-, Weizen-, Roggen- oder Gerstenflocken, Trockenfrüchte wie Rosinen oder Feigen, Nüsse wie Walnüsse oder Haselnüsse und auch ölhaltige Samen wie etwa Leinsamen enthalten. Das Vollkorngetreide macht Müsli zu einem einzigartigen Lieferanten von Ballaststoffen und Eiweiß und einem hervorragenden Energiespender. Achten Sie beim Einkauf darauf, dass das Müsli für Kleinkinder geeignet ist, das heißt, dass es keine Zuckerzusätze enthält.

Nektarine

Die Nektarine gehört zur gleichen Familie wie der Pfirsich und ist reich an Spurenelementen: Phosphor für die Knochenbildung, Kupfer für das Gewebe, Eisen für die Zellbildung. Darüber hinaus enthält sie sehr viel Niacin (Kohlenhydratstoffwechsel), Vitamin C (Antioxidans) und Vitamin E (Zellschutz).

Nudeln

Auch wenn sich das Vorurteil immer noch hartnäckig hält: Nudeln machen nicht dick. Die Dickmacher sind die Saucen und anderen Beilagen, die man dazu isst. Nudeln werden aus Weizen hergestellt und besonders Vollkornnudeln enthalten langkettige Kohlenhydrate, die den Blutzuckerspiegel langsam ansteigen lassen und für ein anhaltendes Sättigungsgefühl sorgen. Nudeln sind also ideal für das Baby.

Orange

Orangen enthalten außerordentlich viel Vitamin C. Eine Orange deckt nahezu den gesamten empfohlenen Tagesbedarf. Darüber hinaus ist sie reich an löslichen Ballaststoffen – ideal bei Verstopfung –, Mineralstoffen und Spurenelementen.

Paprikaschote

Die reife Paprikaschote, die milde Verwandte der Chilischote, ist das Gemüse mit dem höchsten Vitamin-C-Gehalt. In der Paprikaschote hat der ungarische Wissenschaftler A. Szent-Györgyi dieses Vitamin in den 1930er-Jahren übrigens auch erstmals nachgewiesen. Darüber hinaus ist die reife Paprikaschote ein hervorragender Lieferant von Karotin und Vitamin E.

ÖKOTROPHOLOGISCHE KURZPORTRÄTS DER WICHTIGSTEN NAHRUNGSMITTEL

Pastinake

Die längliche fleischige Wurzel mit dem leicht nussigen Geschmack, die wie eine große weiße Karotte aussieht (beide gehören der gleichen Familie an), zeichnet sich durch einen außerordentlich hohen Nährstoffgehalt aus. Pastinaken sind reich an langkettigen Kohlenhydraten und sorgen so dafür, dass das Sättigungsgefühl lange vorhält. Außerdem enthalten sie sehr viel Kalium (Nerven und Muskeln), Vitamin C und Folsäure (Zellwachstum, Nervensystem). Allerdings können Pastinaken Durchfall auslösen, da das in ihnen enthaltene Inulin schwer zu spalten ist. Man sollte erst mit etwas roher und dann gekochter Pastinake ausprobieren, ob das Kind sie verträgt.

Pfirsich

Die samtigen überaus aromatischen Früchte sind reich an Vitamin C und Betacarotin und sorgen für eine schöne Haut. Sie enthalten viel Wasser und wenig Zucker und eignen sich deshalb hervorragend als sommerliches, kalorienarmes Dessert. Ihre löslichen Ballaststoffe werden vom empfindlichen Darm der Babys besonders gut vertragen und dennoch beugen sie wirkungsvoll Verstopfung vor, vor allem wenn man die Früchte roh isst.

Pflaume

Die je nach Sorte und Reifegrad mehr oder weniger süßen Pflaumen sind reich an Vitamin B und E sowie Provitamin A (Zellwachstum und -schutz). Wie alle blauen Früchte wirkt ihr Verzehr positiv – durch ihren Gehalt an Farbstoffen, Anthozyanen – bei Infektionen und Entzündungen. Darüber hinaus enthalten Pflaumen sehr viel Mineralstoffe wie Kalium, Calcium, Magnesium und verschiedene Spurenelemente.

Reis

Reis ist in weiten Teilen der Bevölkerung das Grundnahrungsmittel. Er ist nicht nur außerordentlich nahrhaft, sondern auch ein wertvoller Nährstofflieferant, denn er enthält nicht nur sehr viel Magnesium, sondern auch Phosphor, Zink, B-Vitamine und Kalium und ist ein wirkungsvolles Mittel gegen Durchfall (vor allem das Kochwasser).

Rindfleisch

Rindfleisch ist ein wichtiger Eisenlieferant, denn es ist nicht nur reich an diesem wichtigen Mineralstoff, sondern von Bedeutung ist zudem, dass tierisches Eisen deutlich besser vom Körper absorbiert wird als Eisen aus pflanzlichen Quellen. Und das ist wichtig, weil Kinder sehr viel Eisen, das am Sauerstofftransport im Blut beteiligt ist, benötigen. Darüber hinaus liefert Rindfleisch hochwertiges Eiweiß und B-Vitamine. Man sollte aber stets im Auge behalten, dass übermäßiger Fleischgenuss aufgrund der darin enthaltenen gesättigten Fettsäuren schädlich für das Herz-Kreislauf-System sein kann.

Safran

Safran stand lange im Ruf, ein Allheilmittel zu sein. Seine leuchtend rote Farbe verdankt er Farbstoffen, die die Verdauung anregen. Darüber hinaus soll er schmerzlindernd und beruhigend wirken und eignet sich deshalb hervorragend zur Behandlung von Schlafstörungen oder Hyperaktivität. In Nordafrika behandelt man die Babys, wenn sie Zähne bekommen, traditionell mit einer Mischung aus Honig und Safran.

Salatgurke

Salatgurken enthalten nicht nur sehr viel Wasser, sondern sind überdies reich an Mineralstoffen wie Kalium, Phosphor und Calcium und Spurenelementen. In ihrer Schale steckt außerdem relativ viel Vitamin B und Provitamin A. Auch wenn oft das Gegenteil behauptet wird, sind Gurken sehr gut verdaulich und deshalb hervorragend für das Wohlergehen der kleinen Bäuche geeignet.

Salbei

Der Salbei, von den Galliern einst als „Wunderpflanze" bezeichnet, zeichnet sich durch eine ganze Reihe gesundheitsfördernder Eigenschaften aus: Er wirkt entzündungshemmend, belebend, antiseptisch und verdauungsanregend und fördert die Wundheilung. Darüber hinaus ist er reich an Vitamin K, das für die Blutgerinnung eine wichtige Rolle spielt.

Steckrübe

Die kalorienarme Steckrübe ist reich an den Mineralstoffen Kalium, Calcium, Phosphor und Vitamin C, und sie soll verdauungsfördernd wirken und den Darm desinfizieren.

Süßkartoffel

Die Süßkartoffel hat einen unvergleichlichen, süßlichen Geschmack. Sie stammt ursprünglich aus Südamerika.

Besonders die orangefleischigen Süßkartoffeln haben einen außerordentlich niedrigen glykämischen Index und einen hohen Vitamin-A-Gehalt (schützt die Haut, stärkt das Sehvermögen).

Thunfisch

Thunfisch ist ein köstlicher, vielseitiger Fisch, der aufgrund seines hohen Gehalts an Omega-3-Fettsäuren auch noch sehr gesund ist. Allerdings kann es sein – aufgrund der Verschmutzung der Meere – dass Thunfisch mit Quecksilber belastet ist. Zudem sollte man aus Gründen der Nachhaltigkeit möglichst Fische kaufen, die mit der Angel gefangen wurden oder das MSC-Siegel tragen.

Thymian

Thymian ist ein wahres Allheilmittel: Er regt den Appetit an, hilft bei Blähungen, wirkt antibakteriell und sogar antiseptisch. Außerdem verwendet man ihn für Erkältungstees.

Tomate

Tomaten sind ausgesprochen kalorienarm, denn sie bestehen zu 95 Prozent aus Wasser. Die Tomate ist ein ausgezeichneter Lieferant von Mineralstoffen (und eignet sich deshalb hervorragend zur Remineralisierung des Körpers bei großer Hitze) und ist reich an Kalium, Magnesium, Zink, Phosphor und Eisen.

Zudem ist sie ein ausgezeichneter Vitaminlieferant (Vitamin A, B und C). Ihr wertvollster Bestandteil ist allerdings das Lycopin, dem sie ihre schöne rote Farbe verdankt. Schützt dieser Farbstoff die Zellen doch vor freien Radikalen.

Vanille

Vanille hat nicht nur einen angenehm süßen Geschmack, sondern wirkt auch beruhigend. Man verwendet sie vor allem in Tees und ätherischen Ölen, die bei Schlafstörungen verabreicht werden. Eine neuere französische Studie hat gezeigt, dass mithilfe von Vanillearoma die Zahl der Schlafapnöen bei Frühgeborenen um 45 Prozent verringert werden konnte und sich die Atmung der Kinder verbesserte. Setzte man sie dem Vanillearoma aus, fingen die Babys an zu nuckeln, zu saugen und sich zu entspannen.

Weintraube

Weintrauben sind hervorragende Energiespender, ausgesprochen nahrhaft und sehr gut verdaulich und deshalb hervorragend für Babys geeignet, deren Darm noch nicht voll ausgereift ist. Außerdem wirken sie entgiftend und regen die Lebertätigkeit an, sind reich an Vitamin A, B und C und enthalten Magnesium, Kalium und relativ viel Eisen.

Zitrone

Dass die Zitrone unter ihrer dicken Schale jede Menge Vitamin C verbirgt, ist allgemein bekannt. Doch da man sie selten in größeren Mengen isst, sollte man nicht ihre anderen Inhaltsstoffe, sondern ihre überaus bedeutende Position beim Aromatisieren von salzigen wie auch süßen Speisen hervorheben.

Zucchini

Die kalorienarme Zucchini ist außerordentlich reich an Mineralstoffen und den Vitaminen A (Knochen, Zähne), B (Wachstum, Immunabwehr) und C (Wundheilung, Eisenresorption). Die löslichen Ballaststoffe der jungen Zucchini sind sehr gut verdaulich und deshalb besonders gut für das empfindliche Verdauungssystem der kleinsten Gourmets geeignet.

Zuckermais

Mais spielt in der Kinderernährung leider nur eine untergeordnete Rolle, obwohl er gerade für die Kleinen sehr wertvoll ist, denn er ist fettarm, enthält sehr viel Eiweiß, Kohlenhydrate und Ballaststoffe, Vitamin B (Wachstum) und Phosphor (Knochen und Zähne). Zudem ist er glutenfrei.

VERZEICHNIS DER REZEPTE

Ab dem vollendeten 4. Monat
DIE ERSTEN FRUCHTPÜREES

Ananas-Litschi-Püree 35
Apfelmus 28
Aprikosenpüree 30
Birnenpüree 29
Kirsch-Apfel-Püree 36
Mango-Bananen-Püree 34
Melonenpüree 31
Mirabellenpüree 32
Pfirsichpüree 26
Pflaumen-Birnen-Püree 37

DIE ERSTEN GEMÜSEPÜREES

Avocadopüree 43
Blumenkohlpüree 46
Bohnenpüree 42
Brokkolipüree 40
Erbsenpüree 41
Karottenpüree 38
Kürbispüree 47
Mais-Kartoffel-Püree 48
Pastinakenpüree 45
Süßkartoffelpüree 44

Ab dem vollendeten 6. Monat
DIE ERSTEN MITTAGSGERICHTE & DESSERTS

Couscous mit Thymian 71
Dorade mit Fenchel und Trauben 65
Geschmortes Kalbfleisch mit Wurzelgemüse 59
Hähnchen mit Karotten und Aprikosen 54
Hühnerfrikassee mit Estragon 55
Kalbsschnitzel mit Orange 58
Karottenpüree mit Koriander 69
Karottenpüree mit Kreuzkümmel 69
Kartoffelpüree 70
Kürbis-Apfel-Püree 68
Kürbispüree mit Kreuzkümmel 68
Lachs mit Spinat 63
Lammragout mit grünem Gemüse 60
Mairübenpüree 70

Polenta mit Parmesan 71
Pute mit Kastanien und Äpfeln 57
Pute mit Mais und weißen Zwiebeln 56
Rindfleischragout auf italienische Art 61
Seezunge mit Zucchini und Dicken
    Bohnen 64
Süßkartoffel-Kabeljau-Flan 62
Thunfisch auf Nizzaer Art 66

DIE ERSTEN DESSERTS

Erdbeercoulis mit Minze 76
Fruchtige Leckereien 78
Heidelbeercoulis 74
Himbeercoulis 76
Kirschcoulis 74
Mangocoulis 77
Milchprodukte 72
Milchshakes 80
Nektarinencoulis 77

Ab dem vollendeten 9. Lebensmonat
DIE ERSTEN ABENDMAHLZEITEN

Reis

Risotto milanese 86
… mit Kürbis und Salbei 89
… mit Tomaten und Karotten 88

Couscous

Orangencouscous 90
… mit aromatischem Gemüse 92
… mit Ratatouille 93

Nudeln

Suppennudeln mit Frischkäse und Basilikum 94
… mit Dicken Bohnen, Ricotta und Basilikum 99
… mit fruchtiger Tomatensauce 97
… mit grüner Gemüsesauce 96
… mit Rahmspinat 98

Linsen

Linsen mit Spinat 100

VERZEICHNIS DER REZEPTE

Suppen

Brokkolisuppe mit Frischkäse 104
Kürbis-Süßkartoffel-Cremesuppe mit Vanille 102
Mais-Tomaten-Cremesuppe 105

Ab dem 1. Lebensjahr
MITTAGSGERICHTE FÜR GROSS UND KLEIN

Bœuf bourguignon speziell für Babys 115
Fleischbällchen auf italienische Art 114
Hähnchen mit Kokosmilch und jungem Gemüse 110
Hähnchen-Tajine mit Rosinen 112
Lamm-Tajine mit getrockneten Aprikosen 113

SCHNELLE MITTAGSGERICHTE FÜR HEKTISCHE TAGE

Hähnchen mit Brokkoli und Basmatireis 119
Nudeln mit Kochschinken und Erbsen 118
Thunfisch auf Nizzaer Art und Couscous mit
Thymian 116

MITTAGSGERICHTE FÜR DIE GANZE FAMILIE

Fisch mit jungem Gemüse in der Kartoffelkruste 126
In der Hülle gebackener Kabeljau mit Orange 122
Lachs mit Dicken Bohnen 124
Putenrouladen mit Parmaschinken, Süßkartoffel-
püree und Erbsen 120

ABENDESSEN FÜR GROSS UND KLEIN
BRATLINGE & CO.

Bratlinge aus Wurzelgemüse 133
Brokkoli-Bohnen-Bratlinge mit Parmesan 131
Karotten-Linsen-Bratlinge mit Zucchini 128
Mais-Karotten-Bratlinge mit Comté 130
Polentastäbchen mit ofengebackenen Tomaten
und Paprikaschoten 134

KÖSTLICHE NUDELN

Farfalle mit Brokkoli und Parmesan 138
Fusilli mit Sommergemüse und Basilikum 140
Penne mit Zuckerschoten und Pesto 141
Rotelle mit Kirschtomaten und Mozzarella 139
Tortellini mit Ricotta und grünem Gemüse 136

EINE KLEINE REISE UM DIE WELT

Dhal mit Kokosmilch und Bulgur mit Koriander 142
Gemüse-Paella 144
Mildes Gemüsecurry mit Thai-Reis 148
Sautiertes Gemüse mit Soba-Nudeln 146

DESSERTS UND GEBÄCK FÜR GROSS UND KLEIN
MÜSLI-CRUMBLES

… mit Banane und Mango 152
… mit Himbeeren und Minze 155
… mit Mirabellen und Schokolade 154

FRUCHTSPIESSE

Erdbeer-Himbeer-Spieße 156
Mango-Bananen-Spieße 157
Melonen-Pfirsich-Spieße 156
Trauben-Clementinen-Spieße 157

KUCHEN & GEBÄCK

Biskuitrolle mit Himbeeren 170
Großmutters Geburtstagskuchen 166
Haferflocken-Cookies mit Rosinen 160
Joghurt-Zitronen-Kuchen 158
Mini-Muffins 159

OBSTSANDWICHS

Apfel-Bananen-Garnitur 164
Birnen-Vanille-Garnitur 165
Feigen-Honig-Garnitur 165
Grundrezept 162
Mango-Litschi-Garnitur 164

KLEINE LECKEREIEN

Fruchtlutscher mit Karamell 169
Schokopralinen mit Trockenfrüchten 168

WELCHES LEBENSMITTEL IN WELCHEM ALTER?

	ab dem 4. Monat	ab dem 6. Monat	ab dem 9. Monat	ab dem 12. Monat
ANANAS		35		
APFEL	28, 36	57, 68		132, 164, 169
APRIKOSE	30	54	92	113
AUBERGINE		66	92, 93	
AVOCADO	43			130
BACKPFLAUME				168
BANANE	34	80		152, 157, 164
BIRNE	29, 37			165
BLUMENKOHL	46			
BROKKOLI	40	55, 60	96, 104	110, 119, 122, 131, 138, 146
CLEMENTINE		78		157
COUSCOUS		71	90	116
DICKE BOHNE		64	99	131
ERBSE	41	60	96	118, 120, 126, 136, 144, 146
ERDBEERE		76, 80		156, 169
FEIGE				165
FENCHEL		58, 59, 65		
FISCH		62, 63, 64, 65, 66		116, 122, 124, 126
FRISCHKÄSE			94, 104	
GEFLÜGEL		54, 55, 56, 57		110, 112, 119, 120
GRÜNE BOHNE	42	55, 60	96	110, 126, 146
HEIDELBEERE		74, 8		
HIMBEERE		76, 80		155, 156, 166, 170
HOKKAIDOKÜRBIS			89	
HONIG				146, 152, 154, 155, 165
INGWER		57	92	110, 112, 142, 148
JOGHURT		72, 80		128, 158
KALBFLEISCH		58, 59		
KAROTTE	38	54, 58, 61, 65, 69	88, 92	110, 112, 113, 115, 128, 130, 142
KARTOFFEL	48	48, 62, 68, 70		114, 126
KIRSCHE	36	74		
KIRSCHTOMATE				122, 139, 140
KNOLLENSELLERIE		59, 60		132
KOKOSMILCH				110, 142, 148
KÜRBIS	47	68	102	148
LAMMFLEISCH				113

WELCHES LEBENSMITTEL IN WELCHEM ALTER?

	ab dem 4. Monat	ab dem 6. Monat	ab dem 9. Monat	ab dem 12. Monat
LINSE			100	
LITSCHI		35		164
MAIRÜBE		55, 60, 70		
MAIS	48	56	105	130, 144
MANGO	34	77, 78, 80		152, 157, 164
MELONE	31	78		156
MILCHSCHOKOLADE				168
MINZE		76		155
MIRABELLE	32			154
MÜSLI				152, 154, 155
NEKTARINE		77		
NUDELN			94	118, 136, 138, 139, 140, 141
ORANGE		78		122
ORANGENSAFT		54, 58, 65	90	112, 128
PAPRIKASCHOTE				134, 140, 144
PARMESAN		71	86	131, 134
PASTINAKE	45	59, 65		132
PFEFFER				114, 115
PFIRSICH	26	78, 80		156
PFLAUME	37			
REIS			86	119, 144, 148
RINDFLEISCH		61		114, 115
ROSINEN		65		112, 160, 168
ROTE LINSEN				128, 142
SCHINKEN				118, 120
SPINAT		63	98, 100	
STECKRÜBE		59		132
SÜSSKARTOFFEL	44	62	102	120, 148
TOMATE		61, 66	88, 92, 93, 97, 105	114, 115, 131, 132, 134, 142
VANILLE			102	165, 166
VOLLKORNBROT				162, 164, 165
WASSERMELONE		78		
WEINTRAUBE (WEISS)		65		157
ZUCCHINI		55, 60, 61, 64, 66	92, 93, 96	110, 113, 128
ZUCKERSCHOTE				141
ZWIEBEL		56		114

Unser Verlagsprogramm finden Sie unter www.christian-verlag.de

Übersetzung aus dem Französischen: Barbara Holle
Textredaktion: Anja Ashauer-Schupp
Korrektur: Petra Tröger
Satz: Studio Fink, Krailling
Umschlaggestaltung: Caroline Daphne Georgiadis, Daphne Design

Copyright © 2010 für die deutschsprachige Ausgabe: Christian Verlag GmbH, München

Die Originalausgabe mit dem Titel *Mon livre de recettes pour Bébé* wurde erstmals 2009 im Verlag Hachette Livre (Marabout), Paris, veröffentlicht.

Der französische Titel von Dr. Jean Lalau Keraly lautet:

DOCTEUR JEAN LALAU KERALY
ANCIEN INTERNE DES HÔPITAUX DE PARIS
ANCIEN CHEF DE CLINIQUE – ASSISTANT
ATTACHÉ À L'HÔPITAL ST-VINCENT-DE-PAUL

PÉDIATRIE

NUTRITION ENDOCRINOLOGIE

MEMBRE D'UNE ASSOCIATION DE GESTION AGRÉÉE ACCEPTANT LE PAIEMENT PAR CHÈQUE À SON NOM

Copyright © Hachette Livre (Marabout) 2009

Die Deutsche Nationalbibliothek verzeichnet diese Publikation in der Deutschen Nationalbibliografie; detaillierte bibliografische Daten sind im Internet über http://dnb.d-nb.de abrufbar.

Printed in Spain by Graficas Estella

Alle deutschsprachigen Rechte vorbehalten.

ISBN 978-3-88472-982-3

Alle Angaben in diesem Werk wurden von der Autorin sorgfältig recherchiert und auf den aktuellen Stand gebracht sowie vom Verlag geprüft. Für die Richtigkeit der Angaben kann jedoch keinerlei Haftung übernommen werden. Für Hinweise und Anregungen sind wir jederzeit dankbar. Bitte richten Sie diese an:
Christian Verlag
Postfach 400209
80702 München
E-Mail: lektorat@verlagshaus.de